SPARKNOTES™

페스트

The Plague

알베르 카뮈

다락원 | Spark Publishing

SPARKNOTES 043

페스트

펴낸이 정규도
펴낸곳 (주)다락원

초판 1쇄 인쇄 2011년 4월 15일
초판 1쇄 발행 2011년 4월 22일

책임편집 안창열
디자인 정현석
번역 윤한정
표지삽화 손창복

다락원 경기도 파주시 교하읍 문발리 509-1
내용문의: (031)955-7272(내선 400)
구입문의: (02)736-2031(내선 112~114)
Fax: (02)732-2037
출판등록 1977년 9월 16일 제300-1977-23호

Copyright © 2011, 다락원

값 7,000원

ISBN 978-89-277-1992-2 43740

세계의 교양을 읽는다

고전을 왜 읽는가?

인간의 삶과 세상에 대한 영원한 물음이 있기 때문이다. 시대와 사상을 뛰어넘어 지금 여기 우리에게 필요한 물음이 없는 고전은 더 이상 고전이 아니다. 인간과 삶에 대한 근원적인 물음 없이 고전을 읽는다면 자신과 인간에 대한 성찰과 지혜로 이어지지 않는다. 논술 시험 때문에, 과제물 때문에, 아니면 남들이 읽으니까, 나도 읽는다는 식이라면 그 책은 죽은 책일 수밖에 없다.

고전을 살아 있는 책으로 만드는 이 '물음!'에 답하기 위해서는 좋은 길잡이가 필요하다. 오랜 기간 동안 미국의 고교생과 대학 주니어들이 시험, 에세이 작성, 심층토론 준비를 위해 바이블처럼 애용해온 'SPARKNOTES'와 'CliffsNotes'는 바로 그런 좋은 길잡이의 표본이다.

SPARKNOTES와 CliffsNotes의 가장 큰 장점은 방대하고 난해한 고전을 Chapter별로 요약하고 분석해서 원전의 내용에 보다 쉽고 체계적으로 접근하는 신속·간편성이라고 할 수 있다.

대입논술로 고민하고, 자칭 타칭의 고전이 넘쳐나는 오늘의 독서 풍토에서 지적 정복이 긴박한 대한민국 학생들에게 감히 이 시리즈를 자신있게 권한다.

一以貫之 논술연구모임 연구실장 이호곤

차례

이 책의 구성

SPARKNOTES와 CliffsNotes는 방대하고 난해한 원작을 보다 쉽게 이해할 수 있도록 돕는 안내서입니다. 여기에는 원작 이해를 돕기 위해 매 장마다 '요점 정리(또는 줄거리)'와 '풀어보기'가 실려 있습니다. '요점 정리(또는 줄거리)'에는 원저의 내용을 일목요연하게 정리해 놓아 저자가 전달하려는 내용을 어렵지 않게 파악할 수 있습니다. '풀어보기'에서는 철학서의 경우, 원저에 담긴 저자의 사상이나 관련 철학, 시대 상황, 논점 등을, 문학 작품인 경우에는 원작에 담긴 문학적 경향, 등장인물의 심리상태, 주제 등을 설명해 놓았습니다. 분석적이고 비판적인 글읽기의 바탕이 되는 요소들이죠. 비소설이나 소설을 막론하고 분석적이고 비판적인 글읽기는 독자에게 꼭 필요한 자질입니다.

그밖에도 원저를 좀더 깊이 복습해서 제대로 소화할 수 있도록 돕기 위해 'Study Questions'와 'Review Quiz' 등을 마련해 놓았습니다.

* 〈　〉는 철학서, 장편소설, 중편소설, 수필집, 시집. "　"는 단편소설, 논문
* 작품명은 독자의 이해를 돕기 위해 예외적인 경우를 제외하고는 영어식으로 표기함.

간추린
명작
노트

알베르 카뮈 Albert Camus는 1913년 11월 17일, 뜨
거운 태양이 내리쪼이는 지중해 연안 알제리의 몽도비에
서 태어났다. 프랑스 이주민이었던 아버지 뤼시엥 오귀스
트 카뮈는 품팔이 농사꾼이었으며, 알베르가 태어난 이듬
해에 제1차 세계대전이 터지자 징병되었다가 채 열흘도 안
되어 제1차 마른 전투*에서 전사했다. 이후 카뮈는 청각장
애자인 어머니와 함께 살면서 어려운 집안 형편을 돕기 위
해 노동을 하며 지내다가 대학교수가 되려는 포부를 품고
알제 대학교 문학부에 입학했으나 고등학교 시절인 열일곱
살에 처음 발병한 폐결핵이 악화되는 바람에 꿈을 접을 수
밖에 없었다. 병이 회복되고 나서는 늘 따라다니는 가난 때
문에 고생하면서 생계를 위해 어쩔 수 없이 몇 년간 경찰서
서기, 세일즈맨 등의 직업을 전전했다. 그동안 결혼했다가
이혼했고, 공산당에 입당했다가 탈당했다. 대학 학위를 받
기 한 해 전인 1935년에는 알제의 노동 계급을 상대로 연

---

* **제1차 마른 전투**: 제1차 세계대전(1914년 7월 28일, 오스트리아가 세르비아에 대해 선
  전포고를 하면서 시작되어 1918년 11월 11일, 독일의 항복으로 종전) 때, 9월 5일부터
  12일 사이에 프랑스 북동부를 흐르는 마른 강변에서 프랑스와 영국 연합군이 프랑스
  로 진격하던 독일군과 싸워 승리한 전투. '마른 강의 기적(Miracle of the Marne)'이라
  고도 불린다.

극공연을 펼치는 노동극단을 조직했고, 1939년 극단운동을 접기 전에는 우주는 인간과 죽음에 전혀 무관심하다는 주제를 다룬 수필집 "표리 Betwixt and Between"을 내놓았다.

1937-39년, 카뮈는 좌파 신문인 알제-레퓌블리캥에 이따금 서평과 평론을 썼고, 그 뒤에는 잠깐 스와르-레퓌블리캥의 주필을 지내기도 했다. 프랑스의 식민통치에 극도로 비판적이었던 그는 신문이 폐간당한 후에 비공식적이나마 기피인물이 되어 일자리를 얻을 수 없다는 사실을 알게 되자, 1940년 파리로 가서 한동안 파리-스와르 지 기자로 일했지만 독일이 프랑스를 침공하면서 다시 한번 언론인 생활을 중단해야 했다.

다시 북아프리카로 돌아온 카뮈는 재혼했고, 오랑 시의 한 사립고교에서 교사생활을 시작했으며, 〈이방인 The Stranger〉과 〈시지프(시시포스) 신화 The Myth of Sisyphus〉의 초고를 집필하는 한편, 새로운 형식의 소설 〈페스트 The Plague(La Peste)〉도 구상했다.

〈이방인〉이 출간된 1942년, 프랑스로 돌아가 레지스탕스 운동에 헌신하기로 작정한 카뮈는 레지스탕스 기관지 콩바(Combat. 전투)의 편집자로 활동하면서 같은 명칭의 조직에 참여했고, 1944년 파리 수복 이후에도 콩바 지에 재직하며 전쟁 때 집필한 평론집들을 출간했다. 그 해에는 희곡 〈오해 The Misunderstanding〉와 〈칼리굴라 Caligula〉가

공연되었는데, 〈칼리굴라〉는 호평을 받았다.

나치 치하의 파리 시절, 카뮈는 궁극적으로 인생에는 아무런 합리적인 의미도 없다고 주장하는 부조리 철학*을 형성해 나갔다. 그의 작품 속에 나타나는 철학은 흔히 그 어떤 도덕적 질서도 실제로는 아무런 합리적 기반이 없다고 암시하는 경향을 보여주었으나 그 자신은 도덕적으로 무관심하게 행동하지 않고 오히려 희망의 부재와 절망의 직접적인 상호연관성을 이끌어내지 않기 때문에 '희망 없는 낙관주의의 한 형식(a form of optimism without hope)'이라고 특징지을 수 있다. 그 부조리한 영웅은 합리적 질서라는 착각에 저항하면서 절망에도 맞서 싸우는 궁극적 반항을 성취하기 때문에 영웅이다.

카뮈의 철학은 실존주의** 운동으로부터 많은 관념들을 원용했고, 카뮈는 실존주의자들과 마찬가지로 인간 존재에

---

* **부조리 철학**(philosophy of the absurd): 우주에는 인간에게 합리적으로 설명될 수 있는 의미도 구원도 없으며, 따라서 아무런 목적도 없다고 보는 철학의 한 유파. 이 철학에 의하면, 인간은 실존의 부조리를 인식하고 최선을 다해 '지금-여기'의 현실을 살아가야 한다. '부조리'의 개념은 19세기의 덴마크 철학자 쇠렌 키에르케고르에게서 비롯되었으나, 하나의 사유체계로서의 부조리는 카뮈의 〈시지프 신화〉에서 체계적으로 정리되었다. 카뮈는 이 철학을 〈이방인〉에서는 전통적 가치에 대한 반항과 순간적인 자유와 열정으로, 〈페스트〉에서는 집단적인 연대와 자기희생을 통한 저항으로 그리고 있다. 제2차 세계대전 직후 혼란스러웠던 유럽의 정치·사회적 환경이 부조리주의적인 견해들을 조장했는데, 특히 전쟁의 피해가 극심했던 프랑스에서 대중적으로 발전했다. 부조리주의(absurdism).

** **실존주의**(實存主義, existentialism): 우주에는 미리 정해진 어떤 의미나 질서 같은 것이 없기 때문에 인간은 자신의 인생에 의미와 질서를 부여할 책임이 있다는 깨달음에 뿌리를 둔 철학 사조. 20세기 전반에 합리주의와 실증주의에 대한 반동으로 시작되었다.

게는 고유의 합리적이거나 도덕적인 의미가 없다고 주장했다. 그러나 그의 작품들은 많은 사람들이 자신의 잠재성을 완전히 깨닫지는 못할지언정 개개의 인간들 속에는 선을 추구하는 타고난 역량이 존재한다고 암시한다. 카뮈는 종종 사회적으로 용인된 도덕적 패러다임*들의 타당성을 의심하면서도 인간의 성격을 도덕적 진공으로 간주하지 않으면서 무관심하고 부조리한 세상에서 인간이 겪는 고난이란 문제를 깊이 파고들었다.

　'어떤 감옥살이를 또 다른 감옥살이로 대신 표현해 보는' 우화적인 작품 〈페스트〉는 1947년 6월, 출간되자마자 비평가와 독자들이 모두 한 목소리로 이 으스스한 '연대기'에 대해 찬사를 보냈다. 알제리의 오랑에 선(腺) 페스트**가 퍼지면서 그 도시가 겪게 되는 고난과 시련, 그리고 시민들의 집단적 반응을 묘사하고 있는 이 작품에서는 비록 인간이 아무리 노력하더라도 페스트라는 고난의 확산을 막지 못하는 듯이 보이지만, 그 재난을 계기로 생겨나는 사리사욕의 추구와 인간적 · 사회적 책임의 갈등을 시험하면서 비

---

*　**패러다임**(paradigm): 토머스 쿤이 〈과학 혁명의 구조〉에서 맨 처음 제시한 용어. 특정 시기에 전체 과학자 집단에 의해 공식 인정되는 모범적인 틀. 이를테면, 한 시대를 지배하는 과학적 인식, 이론, 관습, 사고, 관념, 가치관 등이 결합된 총체적인 틀.

**　**선(腺) 페스트**(bubonic plague): 주로 쥐와 벼룩을 통해 전파되는 질병. 목, 겨드랑이, 사타구니의 림프선이 고름으로 막혀 죽음에 이르게 된다. 고열, 오한, 두통과 함께 기력이 급격히 쇠퇴하고, 고통스러운 림프선종과 저혈압, 호흡장애, 혈액응고장애, 기침, 각혈 등의 증상을 보인다.

극 앞에서도 굴복하지 않는 꿋꿋한 의지야말로 궁극적으로
는 고귀한 투쟁임을 보여주고 있다. 이 소설은 대중성을 지
향하는 작품들에서 흔히 나타나는 공식 같은 문학적 장치들,
이를테면, 강렬하고 낭만적인 줄거리의 전개, 매력적인 무대,
주요 등장인물들에 대한 효과적인 묘사 등, 그 어떤 특출한
요소도 들어 있지 않다. 그러나 나치 치하에서 해방되어 차
츰 복구되어가는 나라의 국민들에게는 인간의 존엄성 유지
와 생존이 최우선 문제였던 수개월의 시간을 상기시켜주는
믿을 만한 기록이었다.

　　1949년, 남아프리카 여행을 마치고 귀국한 카뮈는 병
이 깊어져 은둔하다시피 지내면서 이따금 정치평론집을 출
간했으며, 1951년 건강이 회복되자 형이상학적 · 역사학
적 · 예술적 반항에 대한 폭넓은 연구가 담긴 〈반항적 인간
The Rebel〉을 내놓았다. 그 이후에는 국제적으로 유명한
희곡작가들의 작품들을 번역하기 시작했고, 각색된 작품들
은 곧바로 무대에 올려졌다. 예를 들면, 페드로 칼데론*의
〈십자가 신앙 La Devocion de la Cruz〉, 피에르 드 라리베**

---

* **페드로 칼데론**(Pedro Calderon de la Barca. 1600-81): 바로크 시대의 대표적인 스
  페인 작가. 주요 작품은 〈이상한 마법사〉 등.
** **피에르 드 라리베**(Pierre de Larivey. 1540-1619): 프랑스 고전 극작가. 주요 작품은 〈견
  고한 신앙심〉 등.

의 〈정령 *Les Espirit*〉, 디노 부차티*의 〈흥미 있는 경우 *Un Caso Clinico*〉, 윌리엄 포크너**의 〈어떤 수녀를 위한 진혼곡 *Requiem for a Nun*〉 등이다.

카뮈는 1956년, 신작 〈전락 *The Fall*〉을 발표했고, 이듬해에 노벨 문학상을 수상했으며, 1960년 1월 4일 프랑스 남부에서 불의의 교통사고로 세상을 떠났다. 그의 사후에 바쳐진 많은 찬사의 글들은 그의 죽음이 내포한 부조리함—그 갑작스러움, 그 무용함, 그 설명하기 힘든 논리의 부재 등—을 지적하고 있는데, 그의 무의미한 죽음은 그의 문학에서 가장 중요한 부분을 이해하게 해주는 증거가 된다.

---

* **디노 부차티**(Dino Buzzati. 1906-72): 이탈리아 소설가. 기괴하고 환상적인 작품을 많이 썼다. 주요 작품은 〈타타르인의 사막〉 등.

** **윌리엄 포크너**(William Faulkner. 1897-1962): 미국 소설가. 몰락해가는 남부와 그 자리에 들어서는 경박한 현대 사회의 모습을 주로 다루었으며, 20세기 현대 소설의 새로운 실험적 기법, 특히 '의식의 흐름'과 내면의 독백을 활용한 모더니즘 문학의 대표적 작가다. 1949년 노벨 문학상 수상. 주요 작품은 〈음향과 분노〉 등.

1940년대 초의 4월 어느 날 아침부터 '전 세계 각지의 여느 상업도시'와 다를 것 없는 '평범한' 항구도시 오랑에서 많은 쥐가 꾸물꾸물 바깥으로 기어 나와 피를 토하고 죽는 일이 계속된다. 주민들 사이에 불안이 퍼져나가자, 신문들은 대책 마련을 촉구하기 시작했다. 날마다 죽은 쥐를 모아 숫자를 세고 소각하겠다는 시 당국의 발표 직후, 리외 박사의 진료실이 들어 있는 건물의 수위 미셸 노인이 괴질에 감염되어 고열에 시달리다가 죽는다. 비슷한 사례들이 줄줄이 나타나자 리외의 동료인 카스텔 박사는 그 괴질을 선 페스트라고 확신했다. 카스텔과 리외는 신속하고 확실한 대책을 마련하라고 재촉하지만, 현청과 다른 의사들은 그들의 주장을 부정하거나 무시하다가 도시가 치명적인 전염병에 유린당하고 있다는 사실을 도저히 부정할 수 없는 지경에 이르러서야 방역에 나서고, 도시 전체를 외부로부터 봉쇄시키기로 결정한다.

전염병 때문에 갑작스럽게 오랑이 봉쇄되자, 맨 먼저 시민들은 오랑 밖으로 나갔다가 돌아오지 못하고 생이별하게 된 사랑하는 사람들을 간절히 그리워했고, 개인적인 절망에서 허우적대며 자신의 고통이 다른 사람들의 고난보다 훨씬 심각하다고 이기적으로 생각했다. 파늘루 신부는 미사에서 문제의 괴질이 오랑이 지은 죄에 대한 하느님의 징벌이라고 설교했다.

취재차 오랑에 왔다가 발이 묶인 레이몽 랑베르 기자는 파리의 아내에게 돌아갈 방법을 찾으려고 갖은 애를 써 보지만 성과가 없자, 불법적인 수단을 통해 탈출할 계획을 꾸민다. 그동안 리외, 장 타루, 조제프 그랑은 페스트를 퇴치하기 위해 힘을 보탠다. 랑베르도 탈출계획이 성공 직전까지 진행되지만, 타루로부터 리외 박사도 아픈 아내와 떨어져 산다는 말을 듣고는 탈출하려던 모습에 부끄러움을 느껴 오랑에 남아 전염병과의 싸움에 동참하기로 결심한다. 과거에 지은 모종의 범죄 때문에 항상 체포와 처벌의 두려움 속에서 살았던 코타르는 페스트가 만연하는 사태를 매우 반긴다. 불안하고 고생스러웠던 지난 삶이 이제는 누구나 겪을 수밖에 없는 상황이 되면서 위안을 얻기 때문이다. 그는 봉쇄된 오랑에서 밀수로 돈을 벌어들인다.

수개월이 지나도록 봉쇄가 풀리지 않자, 이기적으로 자신의 고난에만 집착하던 오랑 시민들 가운데 페스트가 누구나 걱정해야 할 집단적 질병이라며 사회적 책임감을 느끼고 퇴치 운동에 동참하는 사람들이 점점 늘어났다. 오통 판사의 어린 아들 자크가 페스트에 감염되어 엄청난 고통을 겪다가 죽는 모습을 지켜본 리외 박사는 파늘루 신부에게 그 어린아이에게 무슨 죄가 있길래 저토록 고통스럽게 죽어야 했느냐고 묻는다. 그 아이의 죽음을 계기로 페스트가 하느님의 징벌이라는 믿음이 송두리째 무너진 파늘루는 무고한 어린아이들의 설명할 수 없는 죽음은 기독교도들에게 하느님에 관한 것을 모두 믿을지, 아니면 아무것도 믿지 않을지를 선택하도록 강요하는 하느님의 시험이라고 단언한다. 그리고 얼마 후, 병에 걸린 파늘루는 운명을 전적으로 거룩한 섭리의 손길에 맡기기로 결심하고 의사의 진료를 거부하다가 십자고상(十字苦像)을 잡은 채 세상을 떠났다. 그러나 그를 죽음에 이르게 한 질병의 증상들은 페스트가 아니었다. 리외는 파늘루 신부의 사망진단서에 '병명 미상 사례'라고 기록했다.

전염병의 기세가 꺾이자, 이성을 잃고 허둥대던 코타르는 어느 날 거리를 향해 총을 난사하다가 경찰에 체포되었다. 페스트에 걸렸다가 회복된 그랑은 인생을 새롭게 출발하기로 다짐한다. 죽음의 위험을 무릅쓰고 페스트 퇴치에 앞장섰던 타루는 그 전염병이 잦아들 무렵 페스트에 걸려 죽는다. 그러나 그저 망연하게 죽음을 기다린 것이 아니라, 리외 박사를 도와 다른 사람들을 살리기 위해 함께 싸웠을 때처럼 전력을 기울여 죽음에 저항했다.

마침내 오랑을 고립시켰던 봉쇄조치가 해제되자 랑베르는 파리에서 찾아온 아내와 재회했다. 리외 박사는 아내의 죽음을 알리는 전보를 받았다. 페스트가 사라지자 오랑 시민들은 아무 일도 없었다는 듯 순식간에 과거의 일상으로 돌아간다. 그러나 리외는 페스트와의 전쟁이 결코 끝난 것이 아니라고 생각했다. 왜냐하면, 잠복기가 수십 년인 페스트균은 언제든 다시 쥐떼를 앞세워 나타날 수 있기 때문이다. 〈페스트〉는 '경멸보다는 찬양받을 면이 더 많은' 인간에게 애정을 가진 리외가 많은 사람들이 기억 속에서 지우려고 하는 인간적 고난의 현장을 가능한 한 객관적으로 기록한 '연대기'다.

풀어보기

〈페스트〉에서 나타나는 핵심적인 반어법은 카뮈가 '자유'를 다루는 방식에 있다. 오랑 시민들은 도시가 외부로부터 철저히 봉쇄되면서 페스트의 포로가 되지만, 페스트 발병 이전에도 그들이 진정 자유로웠는지는 의문스럽다. 그들의 삶은 자신도 모르게 습관에 예속되어 철저히 통제되었기 때문이다. 게다가 그들이 정말로 살아 있었는지도 의심스럽다. 봉쇄령에 의해 친구, 연인, 가족들과 격리되고서야 그 어느 때보다도 그들을 강렬하게 사랑하기 때문이다.

그 전에는 사랑하는 사람들을 그저 당연시했을 뿐이었다.

카뮈의 철학은 실존주의와 인본주의의 합성물이다. 신이라든가 내세를 믿지 않았던 무신론자 카뮈는 죽음, 고난, 인간 존재에 어떤 고유의 도덕적 또는 합리적인 의미가 없다고 생각했다. 따라서 죽어야 할 운명인 인간들은 설명할 수 없고, 불합리하고, 철저히 부조리한 사형선고를 받아놓고 하루하루를 살아간다고 주장했지만, 다른 한편으로는 사람들이 자신의 삶에 의미를 부여할 수 있다고 굳게 믿었다. 카뮈 철학의 맥락 안에서 가장 의미심장한 행동을 꼽는다면 죽음과 고난에 맞서 싸우기로 선택하는 것이다.

페스트 발병 초기에 오랑 시민들 개개인은 '공동의' 시련에 비해 자신의 고통만 유일무이하다는 이기적인 확신 때문에 다른 사람들의 고난에 대해서는 서로 아무런 관심도 내보이지 않는다. 그러나 전염병의 기세가 수개월이 지나도 수그러들지 않자, 시민들 가운데 페스트 퇴치 투쟁에 참여하면서 자신을 초월하는 사람들이 많아진다. 그 전염병이 '집단적 문제'라는 사실을 인식하면서 그들의 실존을 특징지어왔던 이질감의 틈새를 깨트릴 수 있게 되는 것. 그들은 죽음에 맞서 투쟁하기로 선택함으로써 자신들의 삶에 의미를 부여하게 된다. 오랑을 몰래 빠져나가거나 다른 방법으로 눈앞에 닥친 페스트라는 시련을 회피하는 것은 사람이라면 누구나 벗어날 수 없는 부조리한 사형선고에 스스로 굴복하는 것이나 마찬가지이기 때문이다.

어쨌든 죽을 수밖에 없는 인간이 죽음과 고난에 맞서 싸우려는 것은 결국은 패배할 수밖에 없는 허망한 노력이다. 그 같은 맥락에서 페스트 퇴치 투쟁도 페스트가 끝없이 퍼져나가는 현실에 아무런 영향도 주지 못하는 것처럼 보인다. 그러나 카뮈의 소설은 영원히 벗어날 수 없는 사형선고에 맞선 허망한 반항이라고 할지라도, 그 반항이야말로 고귀하고 합목적적인 투쟁이라고 선언한다. 이런 점에서 〈페스트〉는 절망의 시대에 낙관주의의 가치를 믿은 카뮈의 사상을 잘 보여주는 작품이라고 할 수 있다. 페스트에 맞서 싸우겠다고, 다시 말해, 죽음에 저항하기로 마음먹은 사람은 그 반항으로 인해 페스트에 감염될 위험성이 훨씬 더 높아지지만, 아무런 노력을 하지 않는다고 해서 페스트에 걸리지 않으리란 보장도 없는 것이다. 양쪽에 한 가지 죽음과 다른 죽음을 놓고 하나를 선택해야 하는, 언뜻 겉으로 보기에는 무의미한 것 같은 기로에서 그저 수동적으로 죽음을 기다리기보다는 자신과 그들의 공동체를 위해 행동하고 투쟁하는 쪽을 선택하는 편이 훨씬 더 합목적적이고 인간적이다. 이 작품이 손바닥으로 거센 바람을 막으려고 하는 것처럼 절망적인 저항의 기록이라고 할지라도 이 같은 기록을 통해서만 인간은 스스로를 정의할 수 있게 된다.

● **베르나르 리외 박사** Dr. Bernard Rieux | 〈페스트〉의 서술자. 오랑 주민들 가운데 맨 먼저 시 당국에 괴질의 확산을 막기 위해 과감하고 철저한 방역조치를 시행토록 촉구한 사람들 가운데 하나다. 인본주의* 신봉자이자 무신론자이며, 그의 인품과 행동을 보면, 윤리학의 사회적인 규범뿐만 아니라 인격적인 규범도 존중하고 따르는 사람이라고 여겨진다. 페스트의 확산을 막기 위한 조치로 시 전역이 외부로부터 봉쇄되자, 여러 가지 징후들에 의하면 인간이 제아무리 발버둥 쳐도 결과에는 별 차이가 없을 것이 분명한데도 페스트 퇴치 투쟁을 결코 포기하지 않는다. 병약한 아내를 요양원에 보낸 개인적인 시련에도 불구하고, 혼란과 두려움에 휩싸인 시민들의 집단적인 사회적 고통을 덜어주기 주기 위해 헌신적으로 노력한다.

● **장 타루** Jean Tarrou | 휴가차 오랑에 들렀다가 페스트가 만연되면서 발이 묶인다. 인격적 · 사회적 책임에 대한

---

* **인본주의**(人本主義, humanism): 고대의 학문과 예술을 부활시켜 교회의 권위로부터 독립적이고 자연스런 인간성을 회복하려는 사상. 인문주의(人文主義).

그의 견해는 리외 박사의 견해들과 놀라우리만치 흡사하지만, 훨씬 더 철학적이다. 신의 존재를 믿지 않기 때문에 죽음, 고통, 인간 존재 속에 합리적이고 도덕적인 의미가 내재한다는 착각을 믿지 않는다. 인간 존재는 패배할 수밖에 없지만 자유롭게 죽음과 고난에 맞서 고귀한 투쟁에 참여하기로 선택할 때만 의미를 얻게 된다고 생각하고, 자신의 윤리 규범에 따라 페스트 퇴치 투쟁에 기여한다. 리외는 페스트 '연대기'를 보강하기 위해 필요할 경우에는 페스트의 발생부터 확산까지 오랑에서 벌어진 일들을 꼼꼼히 기록한 그의 수첩들을 인용한다. 국외자인 타루의 기록은 오랑 시민의 손에 의해 기록된 관찰들보다 훨씬 더 객관적일 것이다.

● **조제프 그랑** Joseph Grand | 나이가 지긋한 오랑 시청 말단 공무원. 젊은 시절에 채용될 때 상사로부터 조만간 정식발령을 내겠다는 암시를 받았으나 수십 년 동안 여전히 직책과 직위의 변화 없이 지내면서도 적극적으로 진급을 요구한 적이 없다. 사랑하는 여인 잔느와 결혼했지만 가난 속에서 권태롭고 피곤한 일상이 이어지면서 지친 아내는 떠나고 말았다. 그 후, 아내에게 편지를 쓰려고 하지만, 속마음을 제대로 표현할 '올바른 낱말'을 찾아야 한다는 강박감 때문에 한 통의 편지도 보내지 못하고 있다. 또한 소설 집필의 꿈을 품고 잠시도 구상을 멈춘 적이 없으나 완전무

결한 글을 써야 한다는 집착 때문에 도입부에서 더 이상 나아가지 못하고 있다. 리외에 의하면, 쥐꼬리만한 일당에도 아랑곳없이 꼭 필요한 업무를 수행하기 위해 이 세상에 태어난 사람이자, 착한 마음씨에서 우러나는 용기를 간직한 채 '모범적으로' 살아가는 '겸손한 공무원'이다.

● **레이몽 랑베르** Raymond Rambert | 파리 소재 어느 신문사의 기자. 아랍계 주민들의 위생 상태를 취재하러 왔다가 페스트 때문에 오랑에 갇히게 된다. 페스트 초기에는 파리의 아내에게 돌아갈 방법을 찾기 위해 안간힘을 쓰는 이기적인 모습을 보이지만, 결국 탈출하는 날에 마음을 바꾸고 리외 박사를 도와 전염병 퇴치 작업에 적극적으로 참여하면서 인간애를 보여준다. 이 작품에서 유일하게 이별의 아픔이나 죽음을 겪지 않는 인물.

● **코타르** Cottard | 모종의 전과(前科) 때문에 언제 체포될지 모른다는 두려움 속에 살아가면서도 상황에 따라 능수능란하게 변신할 줄 아는 인물. 오랑이 봉쇄되자, 이제 다른 시민들도 모두 불안 속에서 살게 되어 자기와 같은 처지가 되었다며 페스트가 만연한 상황을 반긴다. 게다가 모든 관공서가 페스트에 정신이 팔려 체포당할 염려도 사라지면서 밀수로 돈까지 챙기다가 페스트가 물러가자 두려움을

견디지 못하고 난동을 부리다 체포당한다.

● **파늘루 신부** Father Paneloux | 예수회 소속의 오랑 교구 사제. 전염병 초기의 설교에서는 괴질 때문에 혼란스럽고 겁에 질린 신도들에게 전염병이 오랑 시민들의 죄악에 대한 하느님의 징벌이라고 질타한다. 그러나 예심판사 오통 씨의 어린 아들의 죽음을 접하고 심경 변화를 일으켜 '우리가 이해할 수 없는 것을 사랑해야 할지 모른다'며 페스트가 기독교도의 신앙에 대한 신의 지엄한 시험이라고 태도를 바꾼다. '병명 미상'의 병에 걸리지만, 의사의 진료를 거부하고 신앙에 의지한 채 죽음을 맞는다.

● **오통 씨** Mr. Othon | 오랑지방법원 예심판사. 코타르가 '제1의 공적(公賊)'으로 꼽는 인물. 아들이 죽은 후에 격리 수용소에서 일을 돕다가 페스트로 세상을 떠난다.

● **자크 오통** Jacques Othon | 오통 판사의 어린 아들. 전염병에 걸리자 카스텔 박사가 만든 페스트 혈청을 맨 먼저 맞지만, 결국 극심한 고통을 겪다가 죽는다.

● **카스텔 박사** Dr. Castel | 나이 지긋한 의사. 오랑에서 쥐들의 흔적이 말끔히 사라진 뒤에 퍼져나가기 시작하는 괴이

하고 치사율이 높은 질병을 맨 먼저 '페스트'라고 말하는 인물. 리외 박사와 함께 시 당국에 엄격한 방역조치를 시행하라고 요구하지만, 시 정부가 받아들이지 않자 적극적으로 항의한다.

● **늙은 천식환자** | 리외 박사가 맡은 빈민구역에 거주하는 연금생활자. 세상살이를 꿰뚫고 있는 듯한 자세로 페스트의 발생부터 퇴각까지 오랑 사회에서 일어난 분위기의 변화를 일러주는 인물.

● **리샤르 박사** Dr. Richard | 오랑의사협회 회장. 문제의 역병이 선 페스트일 가능성이 있다는 리외와 카스텔의 의견을 부정하지 않으면서도 그 사실이 발표되면 야기될 혼란이 염려스러워 동의하지도 않는다. 즉각적이고 결정적인 행동으로 '시민들을 놀라게 하기'보다는 좀더 시간을 끌며 '두고 보자'는 것.

● **지사** the Prefect | 리외와 카스텔이 오랑에 퍼져나가는 괴질이 선 페스트일 수도 있으니 강력한 방역조치를 취하라고 요구하지만, 결정을 미루며 시간을 허비한다.

● **미셸 씨** Mr. Michel | 리외의 진료실이 입주해 있는 건물의 수위 노인. 문제의 전염병으로 사망하는 첫 번째 인물.

Chapter별
정리
노트

제1부

Chapters 1-3

익명의 시술자가 '이 연대기'는 프랑스의 한 현청 소재지인 '평범한' 항구도시 오랑에서 일어난 '기이한 사건'을 '추호의 과장도 없이' 객관적으로 다룰 것이라고 약속한다. 이어 자신의 정체는 때가 되면 밝힐 것이라면서 자기가 직접 목격한 것들, 목격자들의 증언, 그리고 자신의 직무로 인해 접하게 된 자료들을 바탕으로 '이 연대기'를 기록해나겠다고 덧붙인다.

1940년대 초의 4월 중순 어느 날 아침, 베르나르 리외 박사는 진료실에서 나오다가 건물 입구의 계단에서 죽어 있는 쥐 한 마리를 발견하고 수위 미셸 노인에게 알렸으나 죽은 쥐들은 그 건물에서 나온 게 아니라 누군가가 못된 장난을 치려고 밖에서 가져다 놓은 것이 분명하다고 주장했다. 그날 저녁, 리외는 집 앞 복도에서 큰 쥐 한 마리가 피를 토하고 비틀거리며 기어 나와 죽는 기이한 광경을 목격하고 못내 마음에 걸렸으나 병약한 아내를 요양원으로 보낼 준비를 하느라 여념이 없었기 때문에 그냥 지나쳐버렸다. 이튿날, 수위는 리외를 붙잡고 '어떤 짓궂은 놈들이 죽은 쥐를 세 마리나 복도 한복판에 갖다놓았다'며 투덜거리면서 기어코 범인을 잡겠다고 열을 올렸다.

불안한 마음으로 가장 가난한 변두리 동네부터 회진키로 결정한 리외 박사는 맨 먼저 늙은 천식환자를 찾아갔다. 그 환자는 바툰 숨을 몰아쉬며 쥐들이 떼를 지어 밖으로 나와 죽는 것은 배가 고프기 때문이라고 장담했다. 진료를 마치고 거리로 나오니 그 동네에서는 온통 쥐에 관한 이야기뿐이었다. 귀가한 리외는 요양원으로 떠나는 아내를 기차역까지 배웅했다.

그날 오후, 파리에 있는 어느 신문사의 젊은 기자 레이몽 랑베르가 리외 박사를 찾아왔다. 키가 작달막하고 어깨가 벌어진 랑베르는 아랍인 거주지역의 공중위생 실태를 취재하고 있다면서 기삿거리가 될 만한 정보를 제공해 달라고 부탁했다. 리외는 열악한 공중위생 실태를 '숨김없이 폭로할 수 있는지' 묻고, '그렇게는 못한다'는 대답이 돌아오자 '불의와 타협하지 않기로 결심했기 때문에' 도와줄 수 없다고 못을 박았다. 그리고는 돌아가는 기자를 마중하면서 도시에서 벌어지고 있는 '죽은 쥐' 소동을 취재하면 '흥미로운' 기사가 될 것이라고 귀띔했다. 리외는 집을 나서다가 언젠가 맨 윗층집에서 본 적이 있는 '건장한 체격'의 장 타루라는 젊은이를 만났는데, 그는 리외에게 인사를 건네면서 쥐들이 이런 식으로 나타나는 것은 '기이한 일'이라며 아주 흥미롭다고 말했다.

이튿날 아침, 역으로 나가 어머니를 모셔오던 리외 박사는 수위 미셸 씨를 보았는데, 전날보다 수척해진 모습이었다. 건물 계단에는 쥐들이 여럿 널브러져 있었고, 이웃집들의 쓰레기통에는 죽은 쥐들이 가득했다. 리외는 오랑 시청 유해동물처리과로 전화를 걸어 안면이 있는 책임자 메르시에 과장에게 빨리 대책을 세우는 것이 좋겠다고 제안했다. 죽은 쥐의 숫자가 점점 늘어나 감당하기 힘들 정도가 되자 시민들이 동요하기 시작했다. 신문들도 시 당국이 이 문제를 해결하기 위해 신속하게 조치를 취해야 한다고 열을 올렸다. 그러자 시 당국은 날마다 죽은 쥐를 수거해서 소각하겠다고 발표했다. 며칠이 지나자 사태는 점점 심각해졌다. 장소를 가리지 않고 시내 도처에서 죽은 쥐떼들이 발견되었던 것.

4월 말경, 하루에 8천 마리의 쥐가 수거되었다는 보도가 나오면서 시민들의 불안은 절정에 달했으나 이튿날 어찌된 영문인지 쥐가 무더기로 죽는 현상이 미미한 정도로 줄어들었다는 소식이 전해졌다. 같은 날, 리외 박사는 건물 앞에서 파늘루 신부의 팔을 잡고 힘겹게 걸어오는 미셸 씨를 만났다. 미셸 씨는 바람을 쐬러 나왔다가 몸이 너무 아파 신부에게 도움을 청했노라고 말했다. 예수회 소속의 파늘루 신부는 박학다식하고 신앙심이 깊어 종교에 무관심한 사람들도 아주 존경하는 오랑의 명사였다. 미셸 씨는 과로 때문에 '종기'가 난 것 같다며 목, 겨드랑이, 사타구니의 통증을 호소했다. 미셸 씨의 목을 만져본 리외는 집에 가서 쉬라며 오후에 왕진을 가겠다고 약속하고, 이어 신부에게 '쥐 사건'을 어떻게 생각하느냐고 물었다. 파늘루 신부는 '유행병인 것 같다'고 대답했다.

리외 박사가 아내의 요양원 도착을 알리는 전보를 다시 읽고 있을 때, 가난 때문에 그에게 무료 치료를 받은 적이 있는 시청 말단 공무원 조제프 그랑으로부터 '이웃사람에게 일이 생겼다'며 빨리 와달라는 전화가 걸려왔다. 급히 달려가니 그랑이 이웃 코타르가 '목을 맸다'며 방으로 안내하면서, 외출하던 길에 신음소리를 듣고 들어가 풀어주었노라고 말했다. 진료를 마친 리외가 며칠 후면 회복될 것이라며 '경찰에 신고해야겠다'고 말하자, 코타르는 갑자기 불안한 모습으로 흐느껴 울며 다시는 그런 짓을 하지 않을 테니 제발 신고하지 말라고 애원했다. '알았다'며 환자를 안심시킨 리외는 그랑에게 '저로서는 신고를 하지 않을 수 없다'면서 환자를 잘 지켜보라고 부탁한 다음, 미셸 씨의 집으로 향했다. 거리에서는 신문 판매원들이 "쥐들의 공격이 완전히 끝났다"고 외치고 있었다. 그러나 미셸 씨의 상태는 훨씬 더 악화되어 있었다. 진료를 마치고 귀가한 리외는 시내에서 가장 유력한 의사 가운데 한 사람인 리샤르에게 전화를 걸어 괴질의 증상에 대해 의견을 교환했다.

이튿날, 오전에 잠시 주춤했던 미셸 씨의 병세가 다시 악화되면서 헛소리와 구토가 시작되었다. 리외 박사는 '환자를 격리시켜 특수치료를 해야겠다'며 구급차를 불렀고, 미셸 씨는 병원으로 이송되는 도중에 숨을 거두었다.

이후 며칠 사이에 미셸 씨와 똑같은 증세를 보이는 환자들이 줄줄이 나타났는데, 수위라거나 가난뱅이들도 아니었다. 시민들은 공포에 휩싸였고, 더불어 반성이 시작되었다. 서술자는 그 새로운 내용을 전달하기에 앞서 지금까지 설명한 시기에 대해 또 다른 사람의 증언을 참고하면 나름대로 상황 파악에 도움이 될 것이라며 장 타루를 소개한다. 수주일 전부터 오랑 중심가의 호텔에서 체류하고 있는 정체불명의 젊은이 타루는 형편이 넉넉해 보였고, 호인이면서 언제나 웃는 낯에 수첩을 휴대하고 다니다가 이야깃거리도 되지 않을 만한 사소한 일들—오랑에 도착했던 날의 생각과 도시의 분위기, 거리에서 주워들은 이야기, 괴질에 대한 전차 차장들의 대화, 그가 묵는 호텔 방의 맞은 편 건물에 살며 매일 점심식사 후에 발코니로 나와 밑에서 햇볕을 쬐고 있는 고양이들에게 침을 뱉는 노인, 시간을 허비하지 않는 방법, 등—을 꼼꼼히 기록했다. 어쨌든 '쥐 사건'에 대한 기록을 살펴보면, 쥐들과 함께 고양이들마저 사라져버리자 할일이 없어진 노인이 크게 낙담한 모습, 그가 묵는 호텔 식당에서 가족과 식사를 하던 오통 판사가 식탁에서 쥐 이야기를 꺼낸 아들을 혼낸 일, 시청에 대한 공격으로 가득 찬 신문들의 지방소식란, '별이 세 개나 되는' 자기네 호텔에서 죽은 쥐들이 나왔으니 이제는 여느 호텔이나 '마찬가지 처지'가 되어 괴롭다는 지배인의 푸념, 객실청소원 한 사람이 괴질에 걸렸으나 전염성은 아니라는 지배인의 단언 등이다. 이처럼 '자질구레한' 일화들 외에도 그의 수첩에는 "시간을 낭비하지 않으려면 어떻게 해야 할 것인가?" 등의 철학적인 문제와 답, 그리고 사람들이 불안해하는 그 원인 불명의 괴질에 관한 기록도 들어 있었다. 더불어 그가 묘사한 리외 박사의 모습—서른다섯 살 가량, 중키, 거의 직사각형의 얼굴, 짧게 깎은 검은 머리, 햇볕에 검게 그을린 피부, 세상사를 꿰뚫어보고 있는 듯한 표정, 등—은 아주 충실하다는 것이 서술자의 판단이다.

· 풀어보기

　서술자는 〈페스트〉의 결말 부분에 가서야 자신이 리외라고 말하는데, 처음부터 정체를 밝히지 않는 이유는 어쩌면 '이 연대기'로부터 객관적인 거리를 유지하려고 신경을 썼기 때문일지 모른다. 그가 스스로 〈페스트〉를 '연대기'라고 규정하기 때문에 독자는 신문기사처럼 사실들에 관한 보고를 기대할 것이다. 객관적 진리에 도달할 수 없다는 카뮈의 사상을 감안하면, 우리는 자신의 문서에 대한 리외의 평가에 동의할 수 없다. 나아가 '이 연대기'가 객관적이라는 그의 주장에도 불구하고 페스트가 퍼지기 전의 오랑 사회에 관한 묘사는 반어적인 부분이 아주 많다. 그가 보기에 너나 할 것 없이 부자가 되려고 열심히 일하는 오랑 시민들의 '권태로운' 삶을 철저히 규제하는 것은 습관적인 생활방식이다. 그들은 하루하루 일, 영화, 술, 그리고 경박한 사랑놀음이 반복되는 일상을 벗어나지 못하고 있는 것.

독자는 죽어가는 쥐떼 같은 기이한 현상에 오랑 시민들이 즉각 반응할 것이라고 생각할 테지만, 그렇게 반응한다면 무관심과 부정(否定)의 힘을 심각하게 깎아내려야 한다. 시 당국은 쥐들이 피를 토하며 죽어가는 문제에 미온적으로 대처한다. 그러나 신문들이 그 문제를 심각하게 다루면서, 죽은 쥐들의 수거와 소각을 촉구하는 여론이 들끓기 시작하자 조치에 나서는 상황은 페스트의 기세가 한층 거세졌을 때, 그 희생자들이 겪게 될 운명을 예고한다. 게다가 시민들은 너나 할 것 없이 죽어가는 쥐떼의 처리는 내가 아닌 다른 사람들의 책임이라고 생각하고 떠맡으려 하지 않는다. 어느 누구도 안락한 자기만의 일상을 벗어나 성가시게 그 문제를 처리하고 싶지 않은 것이다.

많은 쥐들이 죽어가는 현상이 건강을 위태롭게 할 만한 사태가 벌어지는 조짐일 수도 있다는 사실을 인정하고 싶지 않은 많은 시민들은 그 현상을 그저 합리화하기에 급급하다. 미셸 노인은 수위로서의 직분을 제대로 수행하지 못했다는 오해를 받을 것이 염려스러워 층계에서 발견된 쥐들은 '어떤 짓궂은 놈들'이 건물 밖에서 몰래 가져다놓은 것들이라고 주장하고, 리외의 치료를 받는 천식환자는 쥐들이 밖으로 기어 나와 죽는 것은 굶주림 때문이라고 단언한다. 그러나 미셸 씨와 천식환자의 '합리화' 논리들은 실제로는 대단히 불합리하다. 쥐들이 배고픔 때문에 죽었다면 죽기 전에 피를 토했다는 사실이 의문스럽고, 미셸 씨의 추측은 도시 전역의 건물들에서 죽은 쥐들이 발견되는 이유를 설명하지 못한다.

리외는 쥐들이 죽는 현상을 '곪을 대로 곪은 종기가 터진 것 같다'고 묘사하는데, 오랑 자체가 어떤 식으로든 병들었다는 암시다. 페스트가 확산되면서 리외가 언급한 그 은유적 질병이 무관심과 부정이란 사실이 분명해질 것이다. 오랑 시민들은 집단적인 문제는 자신들과는 무관하다는 것을 받아들일 만반의 준비가 되어 있다. 타루가 묵고 있는 호텔의 지배인은 쥐떼가 암시하는 불길한 조짐들보다는 이

제 '모두가 같은 처지가 되었다'는 사실이 더 언짢은 것 같은 모습이다.

타루의 수첩들에는 오랑에서 벌어지는 '자질구레한' 일상들 이외에 여러 가지 철학적 문제에 대한 성찰도 기록되어 있다. 특별히 사소한 문제들만 다루려고 준비한 것 같은 이 수첩들의 내용은 리외의 페스트 '연대기'에서 큰 비중을 차지한다. 이런 사실은 '이 연대기'가 신문기사처럼 단순한 사실들의 나열보다는 훨씬 더 심오한 문제들을 다룬다는 것을 암시한다. 카뮈는 리외가 서술하는 오랑의 모습을 통해 시민들이 삶을 최대한으로 살지 않는다는 사실을 보여주려고 한다. 편협하고 변함없는 일상에 젖어 현실적인 문제에 대해서는 전혀 무관심하고, 그들의 유한한 실존을 최대한 선용하지 못하고 있다고 암시하는 것. 다시 말해, 자신들에게 주어진 시간을 낭비하고 있을 뿐이라는 것이다. 타루가 시간을 낭비하지 않아야 한다는 관념에 집착하는 것은 쥐떼, 그리고 나중에는, 페스트 퇴치 대책은 마련하지 않고 탁상공론으로 시간만 끄는 시 당국의 우유부단한 태도를 접하면서 리외가 느끼게 될 좌절감을 예고한다.

"사람들이 항상 시간을 의식하고 있을 때만 시간을 낭비하지 않는다"고 단언하는 타루의 견해에 따르면, 번잡하고 곤혹스럽고 뒤얽힌 일상에 젖어 시간의 길이를 구체적으로 체험해야 시간을 낭비하지 않게 된다. 이를테면, 장시간 불편한 의자에 앉아 있기, 모르는 외국어로 진행되는 강연 듣기, 불편한 철도 노선을 골라 입석으로 여행하기 등이다. 그러나 이 방법들은 오랑 시민들로부터 시간 감각을 빼앗아버린 습관적인 일상들과 섬뜩할 정도로 비슷해 보인다. 그 결과, 무의미한 삶을 고쳐보려는 타루의 철학 역시 무의미할 뿐이다. 다가오는 전염병은 타루에게 삶과 죽음, 개인적 책임과 사회적 책임이라는 좀더 의미 있는 관점에서 자신의 문제를 생각하도록 만들 것이다. 끊임없는 좌절을 통해 시간을 의식한다고 해서 반드시 시간을 낭비하지 않는다고 말할 수는 없다. 시간에 대한 의식은 실제로 시간을 좀더 생산적으로 만드는 과정의 한 단계에 불과한 것이다.

Chapters 4-8

리외 박사는 오랑의사협회 회장 리샤르 박사에게 전화를 걸어 사태의 심각성을 알리면서 새로운 환자들을 격리병동에 수용시키라고 요구하지만, 전염병이란 확증도 없고 지사의 명령이 필요하다며 받아들이지 않았다. 폭우가 쏟아지고 불볕더위가 이어지자 시민들은 '우울한 무력감'에 휩싸이지만, 리외의 치료를 받는 늙은 천식환자는 그런 날씨가 천식에 좋다며 즐거워한다.

리외 박사와 그랑은 코타르의 자살미수 사건에 대한 조사 때문에 형사를 만난다. 그랑은 어휘 선택에 각별히 신경을 쓰면서 형사에게 코타르의 평소 행적에 대해 진술했다. 이어 불안해하는 코타르를 만난 형사는 그랑의 진술 내용을 읽어주고, 몇 마디 자살 동기를 물은 뒤 다시는 다른 사람들을 귀찮게 하지 말라고 꾸짖고는 돌아갔다.

리외 박사는 환자가 있는 집들을 회진하면서 그들의 목, 겨드랑이, 사타구니의 종기들을 터뜨려 피가 섞인 짙은 고름을 빼냈으나 얼마 후 대다수 환자들은 심한 악취를 풍기며 죽었다. 쥐들이 죽어나갈 때는 온갖 소란을 피우던 신문들이 그 괴질에 대해서는 아무런 반응도 보이지 않은 채 침묵만 지키고 있었다. 거리가 아닌, 집 안에서 벌어지는 일들에는 관심이 없었기 때문이었다. 그러나 불과 며칠 동안 사망자가 급증하자 몇몇 의사들은 전염병이라는 확신을 갖기 시작했다. 그 무렵, 카스텔 박사가 찾아와 20년 전 중국과 파리에서 의사생활을 할 때도 유사한 사례들을 경험했다면서 당장 여론이 무서워 감히 병명을 붙이지는 못하지만 '당신도 나처럼 무슨 병인지는 알고 있을 것'이라고 말하자, 리외는 '페스트가 확실한 것 같다'고 대꾸했다. 카스텔은 동료들과 시 당국이 현실을 직시하지 않고 '온대지역'에서는 페스트가 오래 전에 사라졌다는 반응을 보일 테지만 20년 전에도 그 병이 돌았다는 사실을 기억해야 한다고 힘주어 말했다. 리외는 '그때보다는 지금 것이 독하지 않기를' 바라자면서 대화를 마쳤다.

서술자는 "세상에는 언제나 전쟁과 페스트 같은 재앙들이 존재했음에도 불구하고 사람들은 속수무책으로 지내다가 자신이 그 희생자가 되면 어김없이 경악하는 반응을 보인다"고 지적한다. 따라서 현장에서 치명적인 사례들을 직접 목격하면서도 그 재앙을 '비현실적인 것'이나 '악몽에 불과한 것' 정도로 생각하는 리외 박사를 이해해야 하며,

한편 이기적인 시민들은 한결같이 그 같은 불상사가 '자기에게는 있을 수 없는 일'이라며 대비책을 세우지 않고 무심하게 살아가는 오만을 부린다고 덧붙였다. 리외는 역사상 '30여 차례'의 대규모 페스트로 '1억 명 가까운' 사람이 목숨을 잃었다면서, 이런저런 셈법으로 그 참상의 실체를 가늠해 보려 했지만 전혀 실감할 수 없었다. 그렇다고 수수방관할 수도 없는 처지여서 페스트의 재발 가능성을 염두에 두고 각오를 다졌으나 아무 일도 없다는 듯이 돌아가는 오랑 시를 보고 있노라면 과거에 그 전염병이 맹위를 떨쳤던 도시들의 무시무시한 심상들—인적이 끊긴 거리, 썩어가는 시체들을 매장하는 죄수들, 시체를 운반하는 수레들, 시도 때도 없이 도처에서 들려오는 인간들의 비명소리 등—은 슬그머니 사라져버렸다.

그 즈음, 시청 말단 공무원 조제프 그랑이 코타르와 함께 리외 박사를 찾아왔다. 그랑은 일전에 약속했던 사망자 집계표 사본을 건네면서 사망자 수가 증가하고 있다고 말했다. 리외는 '이제는 병명을 제대로 불러야 할 때가 온 것 같다'며 함께 검사소로 가자면서도 병명은 가르쳐주지 않았다. 도중에 그랑은 자신의 '저녁시간은 신성불가침'이라며 두 사람에게 작별을 고했다. 검사소 입구에 당도한 리외는 '한번 찾아뵙고 충고 말씀을 듣고 싶다'는 코타르의 말에 '내일 그쪽 동네로 가는 길에 들르겠다'고 답하고 헤어지며 그랑을 생각했다. '후리후리하고 마른 몸매에… 윗니가 하나도 없는' 그랑은 그 어떤 강력한 페스트에도 살아남을 신비한 구석이 있고, 말단 공무원의 쥐꼬리만한 일당에도 아랑곳없이 꼭 필요한 업무를 수행하기 위해 이 세상에 태어난 사람 같았다.

그랑은 20여 년 전에 대학을 졸업하고 돈이 너무 궁해 지금 일을 떠맡으면서 상사로부터 능력을 시험해 보고 빠른 시일 내에 정식 직원으로 발령하겠다는 암시를 받았으나 그 사람은 이미 오래 전에 죽었고, 정작 그랑 자신도 그 약속 내용을 정확히 기억하지 못한다고 말했다. 게다가 그동안 '올바른 낱말들'을 찾느라 청원서는 아직도 쓰지 못했고 항의마저 제대로 못 했다면서, 분수껏 지출하면 물질생활은 충분히 보장된다고 덧붙였다. 리외 박사는 착한 마음씨에서 우러나는 용기를 간직한 채 '모범적으로' 살아가는 그랑이 책을 쓰려 한다는 것을 직감했고, 그처럼 '겸손한 공무원'을 가진 도시에서는 페스트가 오래가지 못할 것이라고 단정했다.

이튿날, 리외 박사는 시 당국에 보건위원회를 소집했고, 파리에는 페스트 혈청을 보내달라는 전보도 쳐놓았다. 그의 동료 의사들은 상황의 심각성을 인식하지 못하고 '조용히 일을 진행하자'는 식으로 대처하는 시 당국을 강력하게 규탄했다. 리외는 당장 신속하고 강력한 조치를 취하지 않으면, 2개월 이내에 문제의 괴질로 인해 오랑 시민 절반이 죽을 수 있다고 주장했다. 리샤르 박사가 '전염성도 확인되지 않았으니 너무 어두운 쪽만 보지 말자'고 제안했으나 리외는 '어두운 쪽을 보자는 것'이 아니라 페스트가 아니더라도 페스트와 똑같은 예방조치를 취하지 않으면 시민 절반이 목숨을 잃을 수도 있다고 대꾸했다.

다음날에는 괴질이 좀더 확산되었다. 신문들은 조심스럽게 그 병에 대해 논의하기 시작했다. 그러나 시 당국은 우려할 만한 상황은 아니지만 만약을 위해 몇 가지 예방조치를 취하겠으니 협조를 부탁한다는 내용의 포고문만 발표했다. 그러는 사이에도 사망자 수는 늘어갔다. 리외 박사는 진료실로 가다가 그랑을 만났는데, 표면적으로는 주류대리점을 운영하며 외톨이로 지내던 의심 많은 코타르가 '선생님'을 만난 후에는 주위사람들과도 잘 어울리고 변했다면서 무언가 '양심의 가책을 느끼는 일이 있는 사람 같다'는 말을 했다.

파리에 요청했던 혈청은 깜깜무소식이었다. 리외 박사는 자신도 페스트를 두려워하고 있다는 사실을 깨닫고 사람들의 온기가 느끼고 싶은 나머지 카페를 두 곳이나 들렀다. 저녁 때, 리외가 코타르의 집을 찾아가 몸 상태를 묻자, '괜찮다'면서 사람들이 자기에게 신경을 쓰지 않았으면 좋겠다고 투덜댔다. 리외는 집에만 틀어박혀 있지 말고 이따금 외출도 하라고 충고했다.

이튿날, 시내 이곳저곳으로 회진을 다닌 리외 박사가 지친 몸을 이끌고 늦은 밤에 늙은 천식환자를 찾아갔다. 그 노인은 괴질이 콜레라가 아니냐고 물었고, '아니다'고 답한 리외는 진찰을 마치고 나와 생각에 잠겼다. 내일도 10여 명의 환자들이 자기를 기다릴 것이고, 대다수는 입원 지시가 내려질 것이다. 문득 '의사들의 실험재료가 되고 싶지 않다'던 어떤 여인의 말이 떠올랐다. 그러나 제대로 말하면, 그 환자는 '실험재료가 아니라 죽어가는 것'이었다.

사흘 만에 두 개의 격리병동이 가득 찼고, 사망자들이 계속 늘어나면서 낙담한 시민들도 말을 잃어갔다. 리외 박사가 지사에게 전화를 걸어 조치의 수위를 높여야 한다고 주장하자, 사태의 심각성을 깨달은 지사는 조치를 강화했다. 그동안 실시되었던 의무적인 신고와 격리 이외에 환자가 발생한 가옥의 폐쇄와 소독, 가족들의 격리, 그리고 사망자의 매장은 시 당국이 맡는 문제 등에 관한 것이었다. 파리에서 혈청이 도착했으나 증세가 확인된 환자들만 치료할 정도의 양밖에 되지 않았다.

추위가 누그러지면서 봄기운이 완연해졌고, 시민들은 아무 일도 없었다는 듯이 살아갔다. 거리들은 인파로 붐볐으며, 극장에도 관람객들이 길게 줄을 늘어섰다. 그러나 며칠 동안 10여명에 불과하던 사망자가 30여 명으로 급증하자, 결국 총독부에서 "페스트의 발생을 공식 발표하고, 오 랑을 봉쇄하라"는 공문이 내려왔다.

쥐들이 죽었을 때와 마찬가지로 오랑 시민들은 괴질을 처리하는 책임도 다른 사람들에게 떠넘기려고 한다. 심지어 공무원들뿐만 아니라 리외 박사의 동료 의사들도 시민들을 자극해서는 안 된다는 명분을 내세워 그 괴질의 전염성과 선 페스트 여부를 놓고 탁상공론을 벌이느라 시간을 허비 하고 있다. 리외는 '48시간 이내'에 목숨을 앗아가는 그 괴 질을 선 페스트로 간주하고 당장 예방조치를 취해야 많은 시민이 목숨을 잃는 비극을 막을 수 있다고 주장하는 반면, 지사는 먼저 그 자리에 참석한 의사들이 페스트라고 인정 해 주어야 한다며 결단을 미루고 있는 것.

결국 시 당국은 도시 전역에 포고문을 붙이지만, 시민 들을 자극하지 않기 위해 아주 온건한 내용이었다. 리외는 그 상황이 '전부 아니면 무'라는 자세를 요구한다고 생각했 다. 시 당국이 페스트일 가능성이 농후한 괴질에 대해 전격 적이고 철저한 조치를 취하지 않는다면, 아무런 조치도 취 하지 않는 셈이나 마찬가지라는 것. 준엄하지 않은 포고문 은 시민들에게 상황의 심각성을 제대로 인식시키지 못했다.

일반 대중의 목소리를 대변한다고 볼 수 있는 리외의 천식 환자는 그 괴질이 페스트보다는 훨씬 가벼운 질병인 '콜레라'일 것이라고 추정하는데, 그것은 시 당국이 취한 미온적인 조치들이 그다지 큰 효과를 발휘하지 못했다는 암시다.

리외 박사는 사람들이 합리성을 지나치게 과신하는 나머지 임박한 재난의 위협을 제대로 실감하지 못하고 있다는 사실을 깨닫게 된다. 논리적인 재앙들이 아닌 전쟁과 페스트 같은 위협에 대해 합리적이고 정돈된 사고(思考)에 병적으로 집착하며 대처하는 것은 그 재난이 초래할 엄청난 규모의 죽음과 고난을 고려했을 때 도저히 이성적이라고 할 수 없다.

대다수 오랑 시민들은 '마음의 평화'를 유지하려는 집착 때문에 주위사람들의 고난에는 무관심하다. 자신들의 안락하고 습관적인 일상을 방해받는 상황을 바라지 않는 것.

이웃에 살면서도 서로에 대해 잘 알지 못했던 그랑과 코타르는 코타르의 자살미수를 계기로 조금 가까워진다. 비록 그랑은 자신의 의사를 올바로 표현하는 방법을 배우려는 강박감에 사로잡혀 있지만 정작 잘못된 방식에 열을 올리고 있다. 책을 쓰고 있다는 것을 남에게 알리지 않고 라틴어도 혼자 배울 뿐, 주위사람들과 소통하지 않는 것. 그동안 코타르는 체포의 두려움 속에서 살고 있다는 사실을 여러 차례 그랑에게 털어놓으려다 마음을 접었고, 그랑도 코

타르에게 속내를 말하도록 재촉하지 않았기 때문에 고립의
껍데기를 벗어버릴 기회를 놓쳐버렸다.

　　리외 박사는 그랑처럼 '모범적인' 시민들이 사는 도시
에서는 페스트라는 치명적인 전염병이 오래 지속되지 못할
것이라고 단정하지만, 페스트의 이면에는 합리적이거나 도
덕적인 의미가 결코 존재하지 않는다. 페스트는 희생자를
아주 공평하게 선택한다. 따라서 그랑처럼 '모범적'이고 '겸
손한' 사람들이 페스트 때문에 누구는 죽어야 하고 누구는
죽지 않아야 한다는 합리적이거나 도덕적인 이유는 없는
것이다.

[제2부]
Chapters 9-10

오랑이 갑자기 봉쇄되면서, 페스트는 시민들 전체의 문제가 되었다. 모두들 '독 안에 든 쥐'의 신세가 되었고, 사랑하는 사람과의 이별 같은 개인적 감정도 모두가 공유하는 집단적인 감정이 되었다. 예기치 않게 사랑하는 사람들과 헤어진 시민들은 저마다 절박하고 거절하기 힘든 이유를 내세우며 시 당국에 '예외'나 '특전'을 요구했지만 거부당했다. 페스트가 다른 지역으로 전염되는 것을 차단하기 위해 긴급전화와 전보를 제외한 모든 우편업무도 중단되었다. 어쩔 수 없이 추방, 즉 '귀양살이'를 받아들일 수밖에 없게 된 오랑 시민들은 미래에 대한 희망적인 기대를 모두 던져버렸다. 그 전염병이 6개월, 아니 1년 이상 지속되지 않으리란 보장이 없었기 때문이다. 현재 상황에 대해 생각하면 생각할수록 조바심만 생겼고, 과거에 대한 미련과 후회만 느껴질 뿐인 시민들은 수감된 죄수 같다는 생각을 하면

Chapter별 정리 노트 45

서 불합리해 보이는 희망과 고통 속에서 아무런 목적 없이 하루하루를 표류했다. 다행스럽게도 자신의 고통이 남들보다 유난히 가혹하다는 이기적인 집착에 갇혀 있었기 때문에 공포는 확산되지 않았다.

오랑 시민들은 여전히 페스트를 현실적으로 받아들이지 않았다. 시 당국에서 신문사와 통신사들을 통해 페스트 발생 3주 만에 300여 명이 사망했다고 발표했지만, 그동안 인구 20만의 도시 오랑에서 보통 1주일에 몇 명이 죽는지도 몰랐던 시민들은 300여 명이 모두 페스트로 죽지는 않았을 것이라며 그다지 심각하게 여기지 않았다. 그리고 시간이 흐르면서 사망자의 증가세가 뚜렷해졌을 때도 일시적 현상에 불과할 것이라는 생각을 버리지 못했다. 4월 말쯤, 식량과 휘발유 보급이 제한되고 절전이 실시되면서 도시는 이상한 모습으로 변했다. 차들은 거의 다니지 않았고, 사치품 가게들은 하나둘 문을 닫았으나 거리와 술집들은 사람들로 넘치며 북적거렸던 것. 영화관들도 봉쇄 때문에 필름 배급이 중단되어 똑같은 영화를 계속 상영했지만 관객은 줄어들지 않았다.

오랑이 봉쇄된 지 이틀 후, 리외 박사를 찾아온 그랑이 지난 결혼생활에 대해 털어놓았다. 이웃처녀 잔느와 결혼하기 위해 공부를 집어치우고 임시 서기보로 취직했다. 그리고 결혼. 잠시 서로 사랑했다. 이어 그랑이 정식 발령을 받지 못하면서 두 사람은 사랑도 잊을 만큼 함께 열심히 일했다. 피로가 쌓이면서 대화는 줄어갔고, 가난은 지속되었으며, 장래가 막막한 상황. 그 속에서 사랑은 길을 잃었고, 수년 후에 잔느는 '당신을 아주 사랑했으나 이젠 피곤하다…'는 내용의 편지를 남기고 떠나갔다. 그리고 오랫동안 그녀에게 변명의 편지를 쓰려 노력했지만, 아직 쓰지 못했다는 것이었다. 리외는 생각했다. 지금 페스트는 그랑과 아주 멀리 떨어진 곳에 있다고.

오랑 봉쇄 3주 후, 초조한 모습으로 리외 박사를 찾아온 랑베르가 자신의 처지를 들려주었다. 도시가 폐쇄되자 처음에는 사실혼 관계인 아내와 편지나 주고받으려고 했다. 그러나 오랑 주재 기자들은 방법이 없다고 했고, 우체국이나 담당 공무원도 도와주지 않아 겨우 전보 한 통을 보냈다. 이튿날, 이 사태가 얼마나 지속될지 몰라 오랑을 떠나기로 작정하고 지사 비서실장을 찾아가 자기는 오랑과 아무 관계도 없으며, 다만 업무 때문에 들렀다가 갇혔으니 떠날 수 있도록 허가해 달라고 호소했다. 그러나 비서실장은 하나의 '선례'가 될 수 있기 때문에 안 된다고 말하더란 것이었다. 리외는 흥미로운 기삿거리가 있을지도 모를 테니 잘 살펴보라고 위로하고, 페스트에 걸리지 않았다는 증명서를 써 달라는 부탁은 냉정하게 거절했다. 랑베르가 페스트에 걸렸을지도 모를 뿐더러, 앞으로도 걸리지 않는다는 보장이 없기 때문이라는 것. 이어 그 문제는 우리 모두와 관계된 문제이니 현실이 아무리 부조리해도 받아들여야 한다고 차분히 설득했다. 랑베르는 추상적인 말로 얼버무리지 말라며, 공공복지도 개개인의 행복 위에 성립되는 것이라고 주장했다. 리외는 자기도 랑베르가 이 고통에서 벗어날 수 있다면 좋겠지만 직무상 어쩔 수 없으니 원망하지 말라면서, 앞으로 그의 일이 진행되는 상황을 알려달라고 당부했다.

병원들마다 페스트 환자들이 가득찼다. 왕진을 다니며 환자들을 확진하고 강제로 가족들과 떼어내 구급차에 실어 보내는 일을 맡은 리외 박사는 언제나 괴로울 수밖에 없었다. 그러나 몇 주째 그 같은 일을 처리하면서 기진맥진해지자 '페스트가 마치 추상처럼 단조로운 것'이며, 동정심이 쓸데없는 것이 되면 동정도 피곤한 일이라면서 '더 이상 동정심과 싸울 필요가 없다'는 사실을 깨달았다. 그 결과, 이제부터는 자신의 일이 쉬워질 것이란 생각이 들면서 마음이 한결 가벼워졌다.

:풀어보기

오랑 시민들은 봉쇄된 도시에 갇히고 나서야 비로소 한때 누렸던 상대적인 자유를 절실히 깨달았다. 과거에 그들을 속박한 것은 자신들의 습관의 힘뿐이었다. 그러나 그들은 페스트 이전과 똑같이 계속 이기적으로 개인적인 고통에만 집착했고, 유독 자기만 더 힘들다고 생각했기 때문에 주위사람들의 도움을 기대할 수 없었다. 그리고 만약 어떤 근심거리를 마음속에 두고 오래오래 숙성시키며 괴로워하다가 결국 그 속내를 풀어놓더라도 상대방이 그저 습관적인 감정이나 판에 박힌 괴로움 정도로만 생각하고 대수롭지 않게 대꾸한다고 상상하면 너무 끔찍했기 때문에 그들의 고통을 표현하는 '알맞은 말'을 찾으려고 노력하지도 않았다. 어느 정도, 오랑 시민들은 자신의 고통을 다른 사람들에게 전달하는 상상력이 부족하며, 페스트 이전에도 변함없이 '밋밋했다.'

랑베르는 페스트로 인해 돈벌이 수단인 직업보다 사랑과 행복이 더 가치 있다는 사실을 깨달았다. 그러나 여전히 개인적인 고민에서 헤어나지 못한 채 자신은 오랑 사람이 아니기 때문에 떠나도 되는 합리적인 이유가 있다고 주장하면서도, 오랑에 아무 이유 없이 치명적인 전염병이 찾아온 것처럼 그의 상황을 해명할 수 있는 합리적인 이유도 없다는 것을 모르고 있다. 리외는 페스트의 감염 여부와 무관하게 모든 사람을 잠재적인 페스트 환자로 취급할 수밖에 없다. 사사로운 감정에 휩싸여 마음이 약해지면 페스트가 오랑 밖으로 확산되는 끔찍한 결과가 생길 수도 있기 때문이다. 시 당국도 페스트가 다른 도시들로 퍼져나가는 것을 막기 위해서는 '전부 아니면 무'라는 태도를 보여주지 않으면 안 된다.

리외는 자기가 추상적인 말을 사용한다는 랑베르의 비난이 어느 정도는 옳다고 느끼면서도, 페스트와 계속 싸우려면 무엇보다 독한 마음을 가져야 하기 때문에 연민과 감상에 빠질 여유가 없다. 랑베르와 달리 리외는 페스트를 자기의 문제로 인식하고 있다. 오랑에 갇힌 사람은 누구나 인정하고 싶든 않든 그 전염병과 관계가 있다. 그들 모두가 페스트의 잠재적 보균자이고, 따라서 오랑 외부에 있는 사람들에게 심각한 위협이 되는 것이다. 따라서 어떤 의미에서 보면, 페스트는 외부에 존재하면서 그것이 제기하는 위협 측면에서 그 병 자체를 초월하는 추상이고, 리외 같은 사람들이 랑베르 같은 사람들의 개인적인 고통에 대해 추상적이고 냉정하게 대응할 것을 요구한다.

Chapters 11-14

:줄거리

오랑 시의 고위 성직자들은 페스트와 싸우기 위해 집단 기도주간을 설정했다. 그 행사는 페스트로부터 인간을 보호해 준다는 성(聖) 로크에게 바치는 주일 미사로 마무리될 예정이었고, 설교자로는 파늘루 신부가 위촉되었다. 기도주간 동안 대성당은 신자들로 거의 가득 찼으나 신앙심보다는 해변 폐쇄로 해수욕이 불가능했고, 어쨌든 머지않아 물러갈 페스트는 자기 가족이야 피해가겠지만 어떤 변화가 일어난 것은 분명했기 때문에 밑져야 본전이란 생각으로 참석한 사람들이 대부분이었다. 주일날 강론에 나선 파늘루 신부는 페스트는 시민들의 죄를 벌하기 위한 하느님의 징벌이며 반성할 때가 왔다면서, 그 재앙이 여러분을 향상시키고 악을 선으로 변화시키는 하느님의 뜻을 전하는 것이라고 설교했다.

며칠 후, 리외 박사는 그랑을 만났다. 완전무결한 글쓰기의 어려움을 토로하던 그랑은 리외를 집으로 데려가 그

동안 썼다는 원고를 읽어주었는데, 아직 완성되지 않은 도입부의 한 문장이 전부였다. 이제는 도시를 몰래 빠져나가려는 사람들이 많아졌고, 이성을 잃은 사람들 사이에서는 폭력적인 일들도 발생했다.

랑베르는 여전히 합법적으로 오랑을 떠나기 위해 유력한 인사들과 공무원들을 찾아다니며 자신의 사정을 열심히 설명했지만 뾰족한 대답을 얻어내지 못했다. 소득이 있었다면, 바삐 돌아다니면서 페스트 사태의 심각성을 잠시나마 잊을 수 있었다는 것과 오랑의 관료사회가 전혀 변하지 않았다는 사실을 깨달았다는 것이 전부였다. 한 번은 신상조사서 양식을 채워 제출하라는 관청의 연락을 받고 희망을 갖기도 했으나 사망할 경우에 가족 통보나 병원비 처리를 위한 정보 수집이란 답변을 듣고 낙담한 이후로는 이 카페 저 카페를 전전했고, 기차역 대합실에 가서 예전 시간표나 공지문들을 읽으며 시간을 보냈다.

6월 말. 여름이 되자 여느 해와 마찬가지로 오랑 특유의 푹푹 찌는 불볕더위가 찾아왔고, 페스트 희생자들도 가파르게 상승했다. 거리들은 눈에 띄게 활기를 잃어갔으며, 사람들은 페스트 환자들의 신음소리가 이집 저집에서 흘러나와도 무감각해졌다. 신문들에는 외출 금지와 위반자 처벌을 알리는 포고문들이 발표되었으며, 순찰대가 거리를 돌아다녔다. 이따금 병균을 전염시킬 위험성이 있는 개와 고양이들을 사살하는 총소리도 들렸다. 오랑을 몰래 빠져나가려다 적발되어 사살된 사람들이 있다는 소문도 돌았다. 라디오를 통해 매주 발표되던 사망자 통계는 이제 날마다 공지되었다. 고양이들에게 침을 뱉으며 장난치던 노인도 고양이들이 모조리 사살된 이후에는 발코니에 모습을 보이지 않았다. 한동안 나타나지 않았던 예심판사 오통 씨는 아내가 격리되었다며, 자녀들과 함께 호텔 식당에서 저녁을 먹었다.

리외 박사는 장 타루와 함께 천식환자를 찾아갔다. 그 노인은 '환자보다 의사가 더 많은 뒤죽박죽 같은 세상'이라며 파늘루 신부의 말이 옳다고 개탄했다. 타루에 의하면, 잡화상을 경영했던 그 노인은 쉰 살 때 '일이라면 할 만큼 했다'면서 자리를 보전한 이후로 일어나지 못하고 일흔다섯 살인 지금까지 적은 연금으로 생활하고 있으며, 시계는 질색이라 모두 없애고 대신 한 냄비에 가득 채워진 완두콩을 다른 냄비에 옮겼다가 다시 원래의 냄비로 옮기는 일을 반복하며 시간을 쟀다. 그 노인은 '한 인간의 인생'은 절반은 상승이고 절반은 하강인데, 하강기의 하루하루는 인간의 것이 아니라 언제 빼앗길지 모르고 어쩔 수도 없기 때문에 가만히 있는 것이 최선이라면서, 신은 확실히 존재하지 않는다고 덧붙였다. 만약 신이 존재한다면 신부는 필요 없기 때문이라는 것.

페스트라는 재앙과 '효과적으로 싸우기 위해' 창간했다는 "페스트 신보"는 페스트 치료를 보장하는 '확실한 해독제' 광고지로 변질되었다. 할일 없는 시민들은 대부분 누구에게 질세라 흥청망청 고급 식당에서 값비싼 음식과 포도주를 시켜먹으며 불안을 잊으려고 애썼다. 이번 괴질도 별것 아니라며 대수롭지 않게 생각했던 초기에는 종교도 제 역할을 했지만, 상황이 점점 심각해지자 도덕성이 느슨해지면서 향락 쪽으로 기울어지게 된 것.

: 풀어보기

파늘루 신부의 첫 설교에 담긴 반어는 죽음이 인간 존재의 반박할 수 없는 사실이란 점이다. 인간의 과학은 페스트에 걸려 죽음을 기다리는 환자들을 결코 구할 수 없다는 것이다. 과학이 어떤 식의 죽음으로부터도 인간을 구할 수 없다는 것은 엄연한 사실이며, 페스트로 인한 죽음을 다른 죽음들보다 더 의미 있게 만들어주는 것도 없다. 카뮈는 어떤 식의 죽음이든지 모두 다 무의미할 뿐이라고 암시한다. 페스트가 돌기 이전의 오랑 시민들은 삶이 모래알처럼 그들의 손가락들 사이로 빠져나가도 수동적으로 재미난 일이나 하면서 거의 수수방관하고 죽음을 기다렸을 뿐이며, 반드시 죽는다는 사실을 철저히 부인하거나 전혀 몰랐기 때문에 열정적으로 사랑할 역량도 없었다. 파늘루 신부는 교구 신자들에게 아무런 의미도 없는 무기력을 벗어나라든지, 또는 그들의 삶에서 마지막 날, 마지막 주, 마지막 달이 될지 모르는 현재를 최대한 선용하라고 요구하지도 않았다. 페스트는 합리적이거나 도덕적인 재난이 아니다. 따라서 페스트에 대응하는 의미 있는 일은 페스트, 즉 죽음에 맞서 싸우는 것뿐이다.

오통 부인이 페스트로 격리되었기 때문에 오통 판사와 자녀들도 '의심스러운' 상태지만, 자신과 타루는 그렇지 않다는 호텔 지배인의 궁색한 진술은 공동의 재앙인 페스트를 불합리하게 부정하고 있다. 이 일화는 랑베르가 리외 박사에게 페스트에 걸리지 않았다는 증명서를 끊어달라고 요구하던 장면을 연상시킨다. 오랑에서는 누구나 페스트에 걸릴 수 있으며, 전염이 '의심스러운' 상태이며, 부정, 도주, 무관심은 모두 '시간 낭비'의 형태이자, 페스트에 대한 굴복의 형태다. 오통이 무관심하고 적극적으로 대처하지 않는다는 호텔 지배인과 타루의 비난은 반어적이다. 정작 그들은 오통 부부와 자녀들에게 무관심한데, 오통 부인을 위해 페스트와 싸우는 것은 오통의 책임일 뿐만 아니라 모든 사람의 책임이기도 한 것이다. 그러나 대다수 오랑 시민들은 막연히 누군가가 그들의 삶을 지켜줄 책임을 떠맡을 것이라고 기대하기 때문에 시 당국, 의료기관, 나아가 동료 시민들이 저마다 페스트 퇴치에 적극적으로 나서지 않는다는 불평만 늘어놓으면서 시간을 허비하고 있었다.

리외의 천식환자는 시계를 모두 없애고 한 냄비에 가득 채워진 콩을 일정한 속도로 다른 냄비로 옮겼다가 다시 원래의 냄비로 옮기는 일을 반복하며 시간을 잰다. 가령, 아침에 일어나 콩알들이 두 냄비를 열다섯 번 오가면 점심시간이 되었다는 식이다. 이 심상은 항상 지루하거나 복잡하거나 힘든 일상을 통해 시간을 의식해야 시간을 허비하지 않는다는 타루의 방법을 연상시키지만, 유쾌한 활동보다는 불쾌한 활동으로 시간을 때우는 편법에 불과하다. 타루는 천식환자의 시간계측 방법이 무의미한 시간 낭비 습관을 특징짓는 방법에 지나지 않는다는 사실을 깨달았다. 천식환자는 '일이라면 할 만큼 했다'고 장담했지만 아직도 주어진 시간을 의미 있게 활용하지 못하고, 결국 일하며 시간을 때우던 습관을 다른 방법으로 대체한 것이다.

그랑이 완전무결한 원고를 쓰려는 포부를 갖는 것은 존경할 만하지만, 그의 방법도 문제가 있기는 마찬가지다. 완벽한 글은 이상적이기는 해도 불가능하기 때문에 전염병 치료와 비슷하다. 따라서 카뮈는 대다수 오랑 시민들이 하루하루 시간을 보내는 습관적인 일상과 반대되는 상황, 즉 이상은 결코 실현될 수 없다는 점을 깨닫고 아예 행동으로 옮기지도 않는 정황을 대충 언급하는 것이다. 이들 두 가지 존재 방식은 모두 궁극적으로 사람을 고립시키고 무기력하게 만들며, 무의미하다. 그러나 페스트가 점점 더 극성을 부리고 그랑이 페스트 퇴치 투쟁을 돕기 시작하면서 삶의 무의미에 대처하는 세 번째 방안이 나타난다. 즉 이상을 성취하기 위한 싸움에서 이길 수 없다는 부조리를 인정하더라도 어쨌든 싸우면, 그처럼 허망한 구조 속에서도 개인은 자체적인 의미와 함께 공동체도 만들어낼 수 있다는 것.

Chapters 15-17

:줄거리

파리에서 보낸 혈청은 처음 혈청보다 효과가 떨어지는
지 사망자 숫자가 늘어났다. 종기는 절개하기 힘들 정도로
딱딱해졌고, 환자들은 고통을 호소했다. 페스트는 입에서
입으로 전해지는 폐렴형 페스트로 변했다. 리외 박사는 아
내의 건강이 호전되고 있다는 전보를 받았지만, 거짓말이
란 것을 알고 있었다.

면담을 요청하고 리외 박사의 집으로 찾아온 타루는 '사
태가 사태인 만큼 보름이나 한 달 후에는 선생님께서 힘에
부칠 것'이라면서 시 당국의 의료조직이 잘못되어 있다고
걱정했다. 리외가 현에서 강제로 방역의용대를 조직하려 한
다는 말을 들었노라고 대꾸하자, 타루는 지사가 반발 때문
에 주저하고 있으며 자원봉사자도 모집했으나 결과가 신통
치 않았다면서 당국은 배제하고 친구들을 중심으로 방역의
용대를 조직하는 문제를 구상해 보았다고 말했다. 리외는
현청의 수락은 자기가 받아내겠다면서, 페스트에 전염되어

죽을 수도 있다는 사실을 생각해 보았느냐고 물었다. 타루는 그 질문에 대답하지 않고 파늘루 신부의 설교를 어떻게 생각하는지 되물었다. 리외는 환자들의 고통을 보면서 생활했기 때문에 '집단적 처벌' 같은 관념은 싫어한다며, 기독교도들은 현실적으로는 전혀 그렇게 생각하지 않으면서도 이따금 그런 식으로 말한다고 답했다. 타루가 '선생님께서는 파늘루 신부처럼' 페스트는 페스트대로 인간에게 '자신의 한계를 뛰어넘게' 해주는 긍정적인 면도 있다고 생각하는 것 같다고 말하자, 답답하다는 듯 리외는 페스트가 몇몇 사람을 위대하게 만들 수도 있겠지만 그 고통과 비참함을 고려할 때 페스트를 용인한다는 것은 미치거나 비겁한 짓이라고 차분히 대꾸했다. 타루가 다시 "하느님을 믿느냐"고 물었다. 리외는 '믿지 않는다'며 말을 이었다. 학자인 파늘루 신부는 사람이 죽는 것을 많이 본 적이 없어서 '진리' 운운하는 것이지 만약 죽어가는 사람들을 보았다면 괴질의 유익함을 증명하기보다는 '저처럼' 먼저 치료부터 할 것이다. 그리고 '세계의 질서'는 죽음에 의해 좌우되기 때문에 하느님에 대한 믿음에 기댈 생각은 버리고 전심전력으로 죽음과 맞서 싸우는 것이 운명을 대하는 최선의 방법이며, 그 경우에도 결과야 같겠지만 그렇다고 그 싸움마저 포기할 이유는 없다는 것이다.

타루의 계획대로 방역의용대들이 연이어 결성되었지만,

리외 박사는 자원봉사자들의 중요성을 과장하지 않으려고 했다. 만약 그렇게 되면 그들의 행동을 희귀하고 이례적인 것으로 만들어 오히려 악의와 무관심이 인간의 행위에 훨씬 더 강한 영향을 준다는 점을 인정하는 셈이 된다고 생각했기 때문이다. 세계의 악은 거의 인간의 무지에서 기인하는 것이며, 선의도 지혜가 없으면 악의나 마찬가지로 심각한 피해를 끼칠 수 있다고 믿는 것. 자원봉사자들은 부분적이나마 시민들에게 눈앞에 닥친 전염병과 싸우려면 마땅히 할 일을 해야 한다는 것을 납득시켰고, 페스트는 모두의 문제가 되면서 그 방법을 불문하고 페스트와의 싸움은 칭송받을 만한 일이 아니라 죽음이나 이별을 막아주는 유일한 방편이자 필연적 귀결이 되었다. 따라서 카스텔 박사가 페스트 퇴치에 일조하기 위해 혈청 제조에 전념한 것과 그랑이 의사의 왕진 보조, 예방 작업, 환자나 사망자 운반을 맡은 방역의용대의 서기 일을 가외로 수행한 것은 당연한 일이었다. 리외는 그랑을 '방역의용대를 살아 움직이게 하는 숨은 영웅'으로 꼽았다.

한편, 오랑을 적법하게 빠져나갈 수 없다고 판단한 랑베르는 불법 탈출을 모색하기 시작했다. 어느 날, 길에서 만난 코타르가 랑베르에게 탈출을 도와줄 사람을 소개해 주었다. 코타르는 담배와 술 같은 배급물자를 암거래하면서 돈을 챙기고 있었기 때문에 불법으로 성문을 드나들던 사람들과 선이 닿아 있었던 것. 랑베르는 탈출하기 이틀 전 리외 박사를 찾아와 탈출 계획의 진행 상황을 알려주면서 전염병의 경과를 물었다. 리외는 통계수치의 급격한 상승은 다소 둔화되었고 외부로부터 의사 10여명과 지원인력들이 충원되었으나 역부족이라면서, 서둘러 일을 성사시키라고 충고했다. 랑베르는 오랑을 탈출하려는 것은 비겁해서가 아니라고 말했다.

　뜻하지 않은 문제가 생겨 계획에 차질이 생겼으나 어쨌든 랑베르는 초병인 마르셀과 루이 형제를 매수하고 탈출 준비를 마쳤다. 이튿날 밤, 리외 박사와 타루는 호텔 술집에서 랑베르를 만났다. 리외가 일이 잘 되어 가느냐고 묻자, 랑베르는 일주일이면 될 것이라고 대답했고, 타루는 '유감'이라며 '이곳에 계시면' 방역의용대에 도움이 될 것이라고 말했다. 리외는 술을 마시는 랑베르의 손이 떨리는 것을 보았다.

　약속 날, 길안내를 맡은 마르셀과 루이가 나타나지 않으면서 랑베르의 탈출 계획은 또 한 차례 무산되었다. 그는 처음부터 다시 시작하기 위해 리외 박사에게 코타르를 만나게 해달라고 부탁했고, 다음날 리외의 집에서 코타르를 만났다. 리외의 말대로 그 자리에는 타루도 있었다. 리외와 타루는 뜻밖에 완치된 페스트 환자에 대해 이야기하고 있었다. 코타르는 '페스트는 용서가 없다'면서 방역의용대도 무용지물이라고 말했지만, 타루는 전염병과 싸우는 것이 각자의 사람 된 도리라며 반박하고 함께 일할 것을 권유했다. 코타르는 '나와는 무관한 일'이라면서 페스트 때문에 더 편한데 왜 구태여 나서겠느냐고 빈정대자, 타루는 생각났다는 듯 '페스트만 아니었으면 체포되었을 것'이라고 쏘아붙이고는 '의사 선생님이나 나는' 고발하지 않을 테니 안심하라고 덧붙였다. 코타르는 '다 지난 일'이지만 결국 체포될 것이라면서, 살인은 아니고 누구나 범할 수 있는 실수였다고 힘없이 대꾸했다.

랑베르는 코타르와 함께 주선자를 다시 만났으나 계획은 자꾸 꼬여갔다. 리외 박사와 타루가 랑베르의 방을 찾아왔다. 랑베르는 그동안 방역의용대 일에 대해 많이 생각해 보았다면서, 참여하지 않는 데는 그만한 이유가 있다고 말했다. 스페인 내전*에서 인민전선의 편을 들었다가 실패한 이후 생각이 달라졌으며, 하기 쉽고 살인적인 영웅주의는 믿지 않는다. 인간은 사랑을 위해서는 죽을 수 없어도 관념을 위해서는 목숨을 바칠 수 있다. 그러나 '나는' 관념 때문

---

* **스페인 내전**(Spanish Civil War, 1936-39): 인민전선이 이끄는 스페인 제2공화정을 전복시키기 위해 군부의 일부 국가주의자들이 쿠데타를 일으켜 나라를 초토화시킨 내란. 유럽의 좌파 지성인들과 소련의 전폭적 지지를 받은 공화파와 인민전선·이탈리아·독일 등 전체주의 체제의 지원을 받은 국가주의파의 싸움은 국가주의자인 프란시스코 프랑코(Francisco Franco, 1892-1975)가 이끄는 반군의 승리로 막을 내렸고, 이후 스페인은 프랑코가 사망할 때까지 잔혹한 군부독재를 겪었다.

에 죽는 인간은 신물이 나고 사랑하는 것을 위해 살고 죽는 일에 흥미가 있다는 것이었다. 리외가 '인간은 하나의 관념이 아니다'고 지적하자, 인간은 사랑에서 등을 돌리는 순간부터 하나의 '어설픈 관념'이 되고 만다면서 사랑할 수 있게 되기를 기다리되 불가능하다면 '영웅 놀음'은 집어치우자는 대답이 돌아왔다. 리외는 '옳은 말씀'이라며 탈출 계획을 바꿔놓고 싶지는 않다면서도 전염병과 싸우는 것은 영웅주의와는 무관하고 '보통의 성실성'에 관한 문제, 즉 '맡은 바 직분을 완수하는 것'이라고 주장했다. 타루는 랑베르와 단둘이 남게 되자 리외의 아내가 수백 킬로미터 떨어진 요양소에 있다는 사실을 알려주었다. 이튿날 새벽녘, 랑베르는 리외에게 전화를 걸어 오랑에서 벗어날 방법을 찾을 때까지 함께 일하도록 허락해 달라고 말했다.

: 풀어보기

폐렴성 페스트는 공기로 전염될 수 있고, 벼룩을 통해 전염되는 유형의 페스트보다 치사율이 훨씬 높기 때문에 리외 같은 사람들이 전력투구해도 패할 가능성이 더 크다.

타루는 페스트가 집단적 재앙이란 것을 인정하지 않으려는 당국자들의 태도에 실망했다. 하루 사망자가 130명으로 20여 명 줄어든 것이 그들의 노력 덕분이라고 주장하는 시 당국이 페스트라는 치명적인 위협에 대처하는 방식은 현실적이지도 헌신적이지도 않다는 것. 대다수 오랑 시민들은 상황에 대해 불평만 늘어놓지만, 타루는 무언가 행동에 옮기기로 결정했다. 시 당국이 단호하게 자원봉사자를 모집하려 노력하지 않자 직접 행동에 나서는 것. 그러나 죽을지도 모르는 위험한 일에 사람들을 억지로 끌어들일 수는 없는 노릇이었다. 그는 무슨 일이든 자발적으로 시간과 노력을 쏟을 경우에만 의미가 있다고 생각했다.

파늘루 신부는 페스트의 배후에는 어떤 '진리'가 있다고 믿지만, 리외와 타루에게 '진리'란 페스트는 맞서 싸워야 할 집단적 재앙이라는 것이었다. 의사인 리외는 사람들이 죽음 앞에서 저항하는 것을 자주 목격했고, 심지어 마지막 숨을 몰아쉬면서도 고분고분 죽지는 않겠다고 발버둥치는 환자를 본 적도 있었다. 죽음이 목전에 다가온 사람들은 대부분 죽음에 저항한들 아무 소용이 없다는 것을 알면서도 다소곳이 따르지 않았다. 리외는 학자인 파늘루 신부가 교구 사람들과 접촉이 많지 않았고 환자들이 살기 위해 처절히 싸우다가 결국 죽어가는 광경을 직접 목격한 적도 없기 때문에 '진리'를 입에 올리는 것이라며 가혹하게 비난하지 않았다.

리외의 개인적인 인생 체험은 무지(無知)가 해낼 수 있는 일을 가르쳐주었다. 그가 의사가 된 이유는 영웅주의적

인 이상들에 고무된 것이 아니라 다만 '괜찮은 직업'이 필
요했고, '노동자의 자식으로서 한 번 해볼 만한 아주 어려
운 직업'이라고 생각했기 때문이었다. 그러나 환자들의 죽
음을 접하면서 그것에 익숙해질 수 없다는 사실을 깨달았
고 겸허해졌다. 경험을 통해 인간 존재의 부조리를 배웠던
것이다. 인간은 태어나는 순간부터 죽을 운명이지만, 대다
수 사람들은 삶에 강렬한 집착을 갖는다는 사실을 깨달으
면서 무슨 수단을 쓰든 죽음과 싸우는 것이 자신에게 주어
진 의무라고 믿게 되었고, 신이나 내세(來世)를 믿지 않기
때문에 리외에게 중요한 것은 '지금-여기'뿐이다. 비록 아
무리 애를 써도 페스트와의 싸움에서 나타날 결과야 뻔해
보일지언정 결코 고분고분하게 죽음에 굴복할 생각이 없으
며, 부정과 수동적 기다림이 훨씬 더 쉽더라도 죽음과의 싸
움은 끝없는 패배라는 부조리를 받아들이면서 자신의 삶에
의미를 부여하고 있는 것이다.

코타르가 페스트를 반기는 것은 암거래로 돈도 벌고,
모든 오랑 사람들도 자기처럼 두려움 속에서 살게 되었다
는 생각이 들었기 때문이다. 페스트가 유행하기 전에는 자
기 혼자만 불안과 공포 속에서 살고 있다고 여겼으나 이제
는 누구나 똑같은 처지가 되었다는 현실이 마냥 위로가 되
었던 것. 그러나 타루와 리외, 그리고 나중에는 랑베르까지
서로 관계를 맺지만, 코타르는 모든 사람들과 똑같이 불안

하게 지내면서도 여전히 외톨이 신세다. 리외, 그랑, 타루 같은 사람들은 집단적 재앙에 맞서는 투쟁에 적극 참여함으로써 고립감을 덜어낼 수 있으나 페스트와의 싸움은 자신과 무관한 일이라는 코타르의 태도는 타루가 방역의용대를 모집하기 전에 많은 사람들이 품었던 생각과 다르지 않다. 코타르는 개인적인 고난에만 집착하느라 페스트로 인한 엄청난 인명 손실에는 눈을 돌릴 겨를이 없는 것.

리외는 이 이야기 속에서 '약간의 선량한 마음과 우스꽝스러운 이상밖에는 가진 것이 없는' 그랑을 진정한 영웅으로 꼽는다. 선량한 행위를 해내는 능력은 소수의 고귀한 예외적인 사람들이 아니라 모든 사람들 속에 존재하며, 극소수의 사람들이 참으로 위대한 선행을 베풀기는 해도 내세울 것 없는 무수한 선행들이 더 중요하고 의미가 있다.

[제3부]
Chapter 18

: 줄거리

8월 중순이 되자 오랑 사람들은 개인적인 운명 따위는 있을 수 없고, 페스트라는 집단적 재앙만 있다고 생각하기 시작했다. 이제 페스트는 '정의를 공정하게 집행해서' 희생자들을 인구밀도가 높은 변두리 빈민구역뿐만 아니라 지역과 계급을 떠나 모든 사회적 위계에서 만들어내고 있었다. 시의 문들이 소규모 무장괴한들에게 습격당하고, 검역상의 이유로 폐쇄되거나 화재가 일어난 집들이 약탈당하는 사건들이 생기자 시 당국에서는 부득이 계엄령에 준한 법령을 적용하기에 이르렀고, 밤 11시부터는 등화관제가 실시되면서 도시는 암흑천지가 되었다.

이쯤해서 서술자는 '전설처럼 떠도는 매장에 얽힌 진실'을 묘사한다. 사망자가 거의 감당할 수 없을 정도로 늘어나면서 장례식은 생략된 채 서둘러 매장하는 것으로 끝이 났다. 대략 그 과정을 살펴보자. 격리되어 있던 가족들은 환자의 사망 통보를 받고 찾아와 뚜껑 덮인 관을 보게 된다. 이어 가족 대표가 관련서류들에 서명하면 관을 자동차에 싣고 묘지로 향한다. 가족들은 운행허가를 받은 택시를 타고 뒤따라간다. 묘지 앞에서 헌병의 검문을 통과한 차량이 수많은 구덩이 앞에 도착하면 신부가 맞이해 기도를 올리는 동안 관이 내려지고 흙이 덮인다. 가족들은 삽질소리를 들으며 집으로 돌아간다. 처음에 사람들은 이 같은 시체 처리 방식에 괴로워했지만, 식량 보급이 어려워지자 먹고사는 일에 신경이 쏠리면서 주변이나 자신의 죽음에 대해 생각할 겨를이 없어졌고, 오히려 물질적 고통을 고맙게 여길 정도였다.

그러나 점점 더 관과 묏자리를 구하기가 어려워지고 수의를 만들 천도 귀해지면서 관들은 재활용되었고, 벌거벗은 시신들을 모았다가 구급차에 싣고 가서 남녀를 각각의 구덩이에 넣고 생석회와 흙을 덮은 다음, 다시 그 위에 다른 시체들을 같은 방식으로 매장했다. 그리고 훨씬 나중에는 급기야 남녀를 가리지 않고 마구 매장하는 사태까지 일어났으며, 공동묘지를 확장해도 더 이상 묻을 공간이 없어지자, 시 당국에서는 기존의 유골들을 파내 화장장으로 보내고 매장지를 마련하다가 결국 페스트 사망자들마저 밤낮 없이 화장장으로 보낼 수밖에 없는 지경까지 이르렀다. 그러나 다행스럽게도 화장장의 처리능력이 한계에 도달할 무렵부터 전염병의 기세는 수그러들기 시작했다. 놀라운 사실은 그동안 이런 식으로 사망자들을 처리하면서 인부들이 부족했던 적은 없었다는 점이다. 물론, 많은 인부들이 작업하다가 페스트에 전염되어 죽었지만, 도시의 경제가 파탄나고 실업자들이 양산되면서 시 당국은 결원이 생기기만 하면 어렵지 않게 인원을 보충할 수 있었던 것이다. 그만큼 실업자들에게는 먹고사는 문제가 전염병의 공포보다 더 절박했다. 봉쇄 때문에 희망이 사라지자 오랑으로 돌아오지 못하는 사람들에 대한 추억과 사랑도 시들해지면서 시민들은 자신의 고통을 다른 사람들에게 털어놓기 시작했다. 그것은 그들이 가진 가장 개인적인 것을 포기한다는 의미였다.

· 풀어보기

상상력이 시간을 때우는 수단을 제공하지 못하게 되자, 비로소 오랑 시민들은 집단적인 곤경을 인정하기 시작했다. 페스트가 확산되면서 사회의 전 계층에서 희생자들이 발생했기 때문에 너나 할 것 없이 모든 사람이 똑같은 운명에 처했다. 위계들에 대한 존중을 거부함으로써 위계들의 부조리를 드러낸 페스트는 위계들의 보편적 부조리를 분명하게 보여주었다. 즉 인간이라면 빈부귀천(貧富貴賤) 남녀노소를 떠나 사형선고를 받은 채 하루하루를 살아갈 수밖에 없다. 이처럼 죽음은 인류의 집단적 숙명이기 때문에 언제나 인류의 집단적 재난인 셈이다.

사망자가 급격히 늘어나면서 장례식의 차별도 사라졌다. 묘지와 장례물품이 부족해지자 시신들은 수개월 전의 쥐들과 같은 방식—겹겹이 차에 싣고 화장장으로 옮겨 소각하는 것—으로 처리되었고, 산 사람들이 장례식을 통해 망자들에게 위계를 부여하려는 시도들은 모두 철저히 부조리한 것으로 드러났다. 마찬가지로 많은 사람들은 페스트가 초래한 고난에서는 합리적이거나 도덕적인 위계가 없다는 것도 깨달았다. 공동체는 이제 스스로를 하나의 심오한 경험으로 뭉쳐진 진정한 공동체로 보기 시작했다. 부조리하다는 바로 그 이유 때문에 어쩌면 좀더 심오하고 평등해진 것인지도 모를 일이었다.

제4부

Chapters 19-25

: 줄거리

9월과 10월, 페스트의 위력은 절정에 달했다. 지칠 대로 지친 리외 박사와 방역의용대 사람들은 그저 맡은 일에만 전념할 뿐, 신문이나 라디오 뉴스 따위에는 관심을 기울이지 않았고 누군가가 페스트에 관한 내용을 알려주려고 들면 심드렁한 태도로 듣고만 있었다. 시청 말단 공무원의 업무와 가외로 맡은 방역의용대의 사망자 집계로 기진맥진한 그랑은 종종 감상적인 기분에 젖으면 리외를 찾아가 잔느에 관한 이야기를 들려주었고, 어느 날인가는 리외도 요양원으로부터 아내의 병세가 점점 악화되고 있다는 연락을 받았다며 아내를 돕지 못하는 안타까운 속내를 털어놓았다.

피곤에 찌든 리외 박사는 이따금 메말랐던 감성이 되살아나기라도 하면 현실을 견뎌내기 위해 다시 한번 마음을 단단히 다잡았다. 그의 업무는 환자의 치료가 아니라 진단과 격리를 지시하는 것이었다. 어떤 환자 가족은 리외에게 '인정머리가 없다'며 분개했지만, 그나마 '인정머리가' 있었기 때문에 매일 20여 시간씩이나 그 일을 감당해낼 수 있었으며 오히려 아주 피곤한 것이 다행이었다. 만약 힘이 조금이라도 남아돌았더라면 도처에 퍼져 있는 '죽음의 냄새'로 인해 감상적이 될 수도 있었으나 수면부족과 피곤 때문에 감상이 끼어들 자리가 없었던 것이다. 페스트에 맞서 싸우는 사람들에게 탈진 상태가 초래하는 위험은 외부의 사건이나 다른 사람들의 감정에 대한 무관심이 아니라 자신도 모르게 빠져드는 무성의였다. 피곤에 찌들어 귀찮은 나머지 요행수를 믿고 간단한 예방조치도 취하지 않은 채 환자들에게 달려가는 일이 잦아졌기 때문이다.

한편, 호텔이 격리수용소가 된 이후부터 리외 박사의 집으로 거처를 옮긴 타루의 수첩에는 코타르에 관한 기록이 집중적으로 나타났다. 코타르는 혼자만 전염병의 위협을 받고 있는 것이 아니란 사실에 고무되어 이전보다 쾌활해지면서 사람들과 교류하기를 절실하게 바랐으나 상대방이 밀고자일 수도 있다는 의심 때문에 여전히 외톨이로 지냈다. 그때는 누구나 코타르처럼 다른 사람들과 따뜻한 관계를 맺고 싶은 마음이 간절했지만, 그들 역시 상대방이 전염병을 옮길 수도 있다는 경계심 때문에 선뜻 다가가지 못했다. 타루의 기록은 그 당시의 분위기를 뚜렷이 보여주는 이야기로 끝이 났다. 페스트가 발생할 무렵 오랑에 왔다가 발이 묶인 어느 극단이 수개월째 매주 금요일 글루크*의 〈오르페우스와 에우리디케〉를 시립극장 무대에 올려 선풍적인 인기를 얻으며 막대한 수입을 올리고 있었다. 타루는 코타르의 초대를 받고 함께 그 작품을 관람한 적이 있었다. 그날 공연이 제3막에 이르러 에우리디케가 명부(冥府)로 끌려갈 때, 오르페우스 역을 맡은 배우가 무대 한복판으로 걸어 나와 쓰러졌다. 동시에 관현악이 멈췄고, 관객들은 조용히 자리에서 일어나 천천히 퇴장하기 시작했다. 그러나 얼마 지나지 않아 관객들이 출구로 몰리면서 커다란 소란이 일어났다. 타루와 코타르는 2층 특석에서 일어나 '자기들의 삶 그 자체의 이미지인' 그 소동을 내려다보고 있었다.

9월 초순, 리외 박사를 열심히 돕던 랑베르는 하루 휴가를 얻어 탈출을 돕기로 했던 형제들을 만났고, 그들이 경비를 서는 2주일 후를 결행일로 잡았다. 리외는 새벽부터 밤까지 쉬지 않고 일에 매달리는 랑베르에게 오통 판사가 '당신'에 대해 말하더라면서 빨리 서두르라고 귀띔해 주었다. 랑베르가 '왜 저를 말리지 않느냐'고 묻자, 리외는 그것은 랑베르의 문제이며 자신은 그 문제에 관해 옳고 그름을

---

* **크리스토프 빌리발트 (폰) 글루크**(Christoph Willibald (von) Gluck, 1714-87): 독일 가극 작곡가. 음악의 로코코 시대와 고전 시대를 대표하며, 가극에서 극적이지 않은 요소를 제거함으로써 가극의 역사에서 하나의 전기를 마련했다. 주요 작품은 〈아르미드〉 등.

판단할 능력이 없는 것 같다고 대답했다.

　일주일 후, 랑베르는 경비병 형제들의 집으로 거처를 옮겼고, 드디어 목요일 자정으로 탈출 날짜가 정해졌다. 목요일 오후, 리외 박사를 찾아가던 길에 타루를 만난 랑베르가 '오늘 밤 자정에 떠난다'고 말하자, 타루는 몸조심하라며 '진심으로' 기뻐하고 함께 리외가 진료중인 병실로 갔다. 리외는 타루에게 랑베르의 자리를 파늘루 신부가 맡기로 했다는 소식을 들려주었다. 랑베르가 지금 떠난다면 수치스러운 마음을 떨쳐버릴 수 없게 될 것이고 아내를 사랑하기도 거북스러울 것 같아 여러분과 함께 있기로 결심했다고 말하자, 리외는 행복을 택하는 것이 부끄러운 일은 아니라고 대꾸했다. 랑베르는 '혼자만 행복하다는 것은 부끄러운 일'이며, 지금까지는 내내 페스트가 '저와는' 무관하다고 생각했으나 이제는 '우리 모두'에게 관련된 문제라는 것을 알게 되었다고 말했다.

　10월 하순, 리외 박사는 카스텔의 첫 혈청을 증세가 절망적인 오통의 어린 아들에게 시험 삼아 주사했다. 그러나 아무런 반응을 보이지 않던 그 소년은 파늘루 신부, 리외, 타루가 가슴을 졸이며 지켜보는 가운데 한동안 끔찍한 고통에 몸부림치다가 숨을 거두었다. 병실을 나가던 리외는 파늘루에게 그 어린 희생자에게는 아무런 죄도 없었다는 것을 '당신도' 알지 않느냐고 고함을 질렀다. 파늘루는 '우리는 이해할 수 없는 것을 사랑해야 할지도 모른다'며 여전히 사랑이나 은총을 말하지만, 리외는 단호하게 '제게는 인간의 구원' 같은 거창한 포부는 없다면서 인간의 건강에만 관심이 있다고 목청을 높였다. 작은 소리로 인사를 건네고 자리를 뜨려던 파늘루는 리외가 사과하자, '나는 당신을 납득시키지 못했다'는 자조 섞인 말을 했다.

파늘루 신부는 방역의용대에 합류한 이후부터 페스트의 최전선에서 일하며 죽는 사람들을 보았지만, 오통 판사의 아들이 죽어가는 광경을 보고 난 다음에는 사람이 변한 것 같았다. 파늘루가 두 번째 설교를 펼치는 성당에는 전보다 빈자리가 더 많아졌는데, 사람들이 종교보다는 미신 쪽으로 관심을 돌렸기 때문이었다. 아직도 첫 강론이 진리라고 믿는 파늘루는 가장 잔인한 시련조차 기독교인들에게는 어떤 점에서 득이 있으며, 페스트로 인한 상황을 논리적으로 이해하려 들면 안 되고 배울 것은 배우려 노력해야 한다고 주장했다. 이어 무고한 어린아이의 고통이라는 대답할 수 없는 문제는 하느님이 기독교도를 고통의 담벼락으로 몰아넣는 방법이고, 기독교도에게 모든 것을 부정할 것인지 아니면 믿을 것인지를 선택하게 만들기 때문에 신앙을 시험하는 것이라면서 과거의 페스트 연대기를 인용했다. 마르세유에서 페스트가 발생했을 때, 여든한 명의 수도사 중에서 네 명이 생존했으나 세 명은 달아나고 단 한 명만 남았다. '우리 모두는' 시련을 회피하지 않은 그 마지막 수도사가 되어야 하며, 그렇더라도 그 투쟁을 포기할 구실은 없기 때문에 사회가 제시한 예방책과 현명한 질서를 거부해서는 안 된다고 권고했다.

성당을 나오던 리외 박사는 두 신부가 나누는 대화를 듣게 되었다. 늙은 신부가 파늘루의 설교에서 불안이 엿보였다며 우려를 표명하자, 젊은 신부는 "사제가 의사의 진료를 받을 수 있는가?"라는 파늘루의 논문은 더 한층 대담하다며 출판허가를 받지 못할 것이라고 단언했다.

며칠 후, 파늘루 신부는 성당이 제공하는 숙소를 나와 아직 페스트가 전염되지 않은 지역에 위치한 여신도의 집으로 거처를 옮겼고, 곧이어 병에 걸렸다. 여주인은 걱정스러운 나머지 여러 차례 의사에게 진료를 받으라고 권유했으나 자신의 원칙에 어긋난다며 거부하던 파늘루는 병세가 심해지자 '규칙대로' 병원에 데려다 달라고 부탁했다. 여주인의 연락을 받고 찾아간 리외 박사는 파늘루에게 페스트의 전형적 증상은 없으나 만약을 위해 격리조치를 취하는 것이 좋겠다고 말했다. 병원으로 옮겨진 파늘루는 묵묵히 치료를 받았으나 고통에 시달리다가 십자고상을 짚은 채 숨을 거두었다. 리외는 사망진단서에 '병명 미상 사례'라고 적었다.

식량이 부족해지자, 이기심이 고개를 들면서 시장에서

구할 수 없는 생필품들의 가격이 폭등했다. 그 결과, 가난한 사람들은 더욱더 살기 어려워졌지만, 부자들은 변함없이 풍족한 생활을 누렸다. 신문들에서는 시민들이 냉철하고 모범적인 모습을 보여주고 있다고 떠들었으나 그것을 믿는 사람은 아무도 없었다.

11월 하순 어느 날, 천식환자의 집에 왕진을 갔던 리외 박사와 장 타루가 마주앉았다. 타루는 청소년 시절에 검사인 아버지의 말씀에 따라 재판을 참관했던 경험과 그 이후의 삶에 대해 들려주었다. 아버지는 자신의 '훌륭한 모습'을 보여줌으로써 아들도 같은 길을 택하게 만들려는 심산으로 아들을 공판에 부른 것이 분명했지만, 타루는 왜소하고 겁먹은 피고인의 '목이 떨어져야 한다'는 아버지의 논고를 통해 '가장 비열한 살인'을 보고 충격을 받았다고 했다. 괴로워하다가 1년 후에 가출한 그는 간접적이든 직접적이든, 좋은 이유든 나쁜 이유든, 사람을 죽게 만들거나 죽이는 짓을 정당화시키는 일은 모두 거부하기로 결심했으며, 이번 페스트를 통해 배운 것이 있다면 '희생자들 편에 서서 싸우는 것뿐'이라고 말했다.

12월의 추위에도 페스트는 수그러들지 않았다. 격리조치가 해제된 오통 판사는 수용시설에 남아 봉사를 하겠다면서, 그 일을 하면 아들과 '떨어져 있다는 고통'도 줄어들 것이라고 덧붙였다. 항상 오통을 냉혹하고 융통성 없는 사

람이라고 생각했던 리외 박사는 그의 따뜻한 면을 접하고
는 깜짝 놀랐다.

성탄절, 그랑을 찾아다니던 리외 박사가 장난감 진열
장 앞에 바짝 붙어 있는 그를 발견하고 다가갔더니 눈물을
흘리고 있었다. 그 이유를 알고 있는 리외는 잔느에게 청혼
하던 그랑의 모습을 떠올렸다. 그랑이 페스트에 걸렸다. 리
외는 그를 병원에 보내지 않고 타루와 함께 돌보기로 했으며,
그랑의 청에 따라 그의 원고를 읽어주고 태워버렸다. 50여
쪽 분량의 그 원고는 대부분 거의 같은 문장들이었고, 마지
막 장은 잔느에게 보내는 편지의 도입부였다. 그런데 상태
가 절망적이었던 그랑이 이튿날 자리를 털고 일어났다. 그
보다 좋은 소식은 페스트 사망자의 숫자가 줄어들기 시작
했다는 것이었다. 리외의 늙은 천식환자는 '쥐들이 다시 나
온다'며 기뻐했다.

: 풀어보기

앞에서 리외 박사가 가슴의 언어가 아닌 추상적인 언
어를 사용한다는 랑베르의 비난은 그 의사가 타인의 고난
에 무관심하다는 뜻이었다. 그러나 리외가 감상적 연민이
없고 페스트 환자들의 고통에도 냉정함을 유지하는 것은
사실이지만, 그들의 고통에 대해 아무런 조치를 취하지 않

는다거나 부정하는 상태인 무관심은 옳지 않은 표현이다. 리외는 페스트와 계속 싸우려면 자신의 고통에 대해서도 냉정하지 않으면 안 되는 것이다. 리외가 오랑에 갇혀 있는 동안 그의 아내는 400킬로미터 떨어진 요양원에서 서서히 죽어가고 있었다.

인간적인 접촉은 모든 사람이 원하는 강렬한 욕망이고, 고난의 시기일수록 더욱더 강렬해진다. 모든 시민이 불안과 두려움에 휩싸이자 코타르는 혼자만 고립되었다는 느낌에서 벗어나지만, 다른 사람들을 밀고자일지 모른다고 의심하기 때문에 실제로는 여전히 고립되어 있다. 잠시도 잊을 수 없는 두려움은 무관심을 낳는다. 오랑 시민들은 다른 사람들이 전염병 보균자일지도 모르기 때문에 참된 관계를 맺을 수 없다. 그 결과, 외로움을 이기기 위해 극장과 술집으로 몰려들지만, 상호 도피주의가 집단 고립을 중단시킬 것이라고 생각한다면 오산이다.

오르페우스 역을 맡은 배우는 관객들에게 그들 앞에 닥친 실제 위험을 깨닫게 만들었다. 사람들이 극장으로 도피하는 것은 진정한 위험에 대한 굴복이자 부정에 지나지 않는다. 죽음에 의해 헤어진 연인들의 이야기를 다루는 이 연극은 사랑하는 사람을 죽음의 아가리에서 다시 꺼내올 수 있다는 환상을 품게 만드는데, 배우가 무대에서 쓰러진 사건은 관객들에게 이 작품이 빚어내는 그릇된 망상을 대면하게 해준다. 관객들은 그 자리에 없는 사랑하는 사람들의 환상에 빠져 자신들도 죽을 수 있다는 사실을 부정해 왔으나 이 배우가 매주 금요일마다 정상적으로 진행되던 일상을 파괴하면서 어쩔 수 없이 페스트가 모든 관객 개개인에게 닥친 현실적 위험이라는 점을 직시하게 만든 것. 현실이 환상세계의 구조 속으로 스멀스멀 기어들자 대중들이 무질서한 공포로 반응하는 장면에 내포된 의미는 오락이라는 도피주의적 의례에 탐닉하는 동안에는 누구나 죽음이라는 집단적 공포에 빠졌을 때처럼 고립되어 있다는 것이다.

카뮈는 인간의 소외 문제에 대해서는 충분히 답하지 않는다. 전염병이 만연하는 동안 오랑 시민들이 겪는 고립의 원인은 두려움과 부정이며, 시민들은 그 고립감에 대해 다양한 방식으로 반응한다. 카뮈는 집단적 저항을 꾀하면 페스트에 대한 공포 때문에 생기는 소외와 고립을 극복할 수 있다고 암시한다. 페스트와의 싸움은 생존의지의 확인인 반면, 두려움과 현실도피라는 마비 상태는 굴복행위라는 것이다.

죄 없는 어린 소년의 끔찍한 죽음을 합리적이거나 도덕적으로 해명하지 못하는 파늘루 신부의 두 번째 설교는 리외가 페스트와의 싸움에서 보여주는 '전부 아니면 무'라는 반응의 흥미로운 변종이다. 파늘루는 무고한 사람들의 고난은 인간 존재들이 이해할 수 있는 말로는 설명이 불가능하다고 믿는다. 따라서 이 시련은 궁극적인 의미에서 기독교 신앙의 시험이다. 즉 기독교도들은 하느님에 대해 모든 것을 믿을 것인지, 아니면 부정할 것인지에 대한 선택에 직면한다. 어떤 의미에서 파늘루는 신자들에게 무지(無知)의 조건을 인정하라고 요구하는 것이다. 그리고 병에 걸리자 신의 섭리를 전적으로 믿고 싶은 나머지 의사의 치료를 거부했지만, 그의 증상은 페스트의 그것과는 달랐기 때문에 죽은 뒤에 '병명 미상 사례'라고 기록되었다. 이것은 인간 존재에 대한 파늘루의 이해에 의심스러운 면이 있다는 암시다. 이 사제는 이 작품이 반대하는, 죽음을 수동적으로 받아들이는 행위를 선택했고, 생존의지라는 인간의 기본적 욕구를 부정한 셈이다.

제5부

Chapter 26

: 줄거리

    오랜 유배생활 때문에 조심스러워진 오랑 시민들은 1월이 되어 추위가 기승을 부리면서 페스트 사망자의 숫자가 줄어들어도 노골적으로 기뻐하지 않았다. 페스트가 사람들의 기대보다 빨리 약화되고 희망이 절정에 이르렀을 때, 격리수용소를 나온 오통 판사가 페스트에 걸려 죽었다. 그런데 페스트는 시 당국, 의사들, 방역의용대의 효과적인 대처에 의해 물러가는 것이 아니라 제풀에 꺾이는 듯한 느낌을 주었다. 시의 문들에서는 여전히 검역이 실시되었고, 식량과 물자 보급도 원활하지 않았으나 물가는 하락했다. 경제적인 관점에서는 도저히 이해할 수 없는 현상이었지만, 아마도 시민들의 마음이 여유로워지고 있다는 징후인 것 같았다. 지사는 2주 이내에 시의 문들을 개방하겠으나 방역 조치들은 1개월 더 시행하겠다고 발표했다.

    타루의 기록에 따르면, 모든 사람들이 페스트의 퇴각

을 반기는 것은 아니었다. 적어도 코타르는 페스트가 잦아드는 낌새를 보이자 당혹스러워했고, 이런저런 핑계를 대며 몇 차례 리외를 찾아와 그 전염병의 앞날에 대해 묻곤 했다. 어느 날, 타루는 지사의 발표 이후에 자취를 감췄던 코타르와 마주쳤고, 코타르의 청에 따라 함께 교외까지 산책을 다녀왔다. 코타르는 페스트가 물러가면 모든 관공서들이 다시 제 기능을 발휘할 것 같은지 물었고, 타루는 어느 정도는 재편성이 필요할 것이고 '당신 형편'도 페스트 이전보다는 나아질 것이라고 답했다. 표정이 밝아진 코타르와 타루가 헤어지려 할 때, 어둠 속에서 불쑥 두 사내가 다가왔고 코타르는 순식간에 몸을 돌려 달아났다. 타루가 용건을 묻자, 그들은 조사할 일이 있다면서 느긋하게 코타르가 달아난 방향으로 사라졌다.

타루가 페스트에 걸렸다. 리외 박사는 어머니의 말씀에 따라 타루를 격리시키지 않고 함께 돌보기로 결정했다. 타루는 숨김없이 상태를 알려달라면서 살기 위해 싸우겠다고 다짐하고, 여러 날 동안 묵묵히 고통을 견뎌내다가 세상을 떠났다. 리외는 자신의 무력함을 한탄하며 눈물을 흘렸고, 친구를 잃은 슬픔 때문에 다시는 마음의 평화를 찾을 수 없을 것 같았다. 이튿날 아침, 그는 아내의 죽음을 알리는 전보를 받고 가슴이 매우 아프면서도 한편으로는 담담했다. 그 같은 고통은 지난 수개월간 페스트 희생자들을 접하면서 계속 느껴왔던 것이었기 때문이다.

2월이 되어 시민들의 환호 속에서 오랑의 봉쇄가 풀렸고, 승객을 가득 실은 열차들이 들고나기 시작하자 랑베르의 아내도 남편을 찾아왔다. 랑베르는 페스트 사태를 겪으면서 자신이 크게 변했다는 사실을 깨달았다. 아내와의 재회를 그토록 설레며 고대했건만 예전과 같은 열정이 사라져버렸던 것이다. 한편, 그동안 소식을 모른 채 초조하고 불안하게 떨어져 지내다가 마침내 가족이나 연인, 친구들의 상실을 확인한 사람들에게는 페스트는 끝난 것이 아니었다. 그러나 그 아픔은 그들만의 몫일 뿐, 시내는 온통 축제 분위기에 휩싸였다. 시민들은 그동안 매일매일 어떤 사람들은 존엄성을 상실한 채 이 세상에서 사라져갔고, 살아남은 사람들은 무력감과 두려움 속에서 자기 차례를 기다리며 전전긍긍했던 우매한 대중에 불과했었다는 사실을 부정하고 있었다.

리외 박사는 '이 연대기'의 서술자가 자신이라고 밝히면서, 가능한 한 객관적으로 지난 상황을 서술하기 위해 최선을 다했노라고 말했다. 의사라는 직책상 페스트 기간 동안 내내 모든 계층 사람들을 거의 대부분 만날 수 있었고, 그 과정에서 시민들이 공유했던 유일한 확신—사랑, 유배, 고통—을 함께 느끼고 경험하려 노력했으며, 그들의 생각과 느낌을 성찰하기보다는 말과 행동을 그대로 전달하기 위해 치중했다는 것이다.

페스트가 종말을 고하면서 아파트에 틀어박혀 지내던 코타르는 거리의 시민들을 향해 총을 쏘아대다가 경찰관들과의 총격전 끝에 체포되었다. 멀찍이 떨어진 곳에서 그 사태를 지켜보았던 그랑은 리외 박사에게 인사를 건네며 잔느에게 편지를 썼고 기분이 아주 좋다면서 책을 계속 써나가겠다고 말했다.

리외 박사가 늙은 천식환자에게 타루가 죽었다는 소식을 전하자, '언제나 가장 좋은 사람이 죽는다'며 안타까워했다. 노인은 페스트를 이겨냈다고 뻐기는 사람들이 많지만 '페스트가 바로 인생'이라면서, 희생자 추모비를 세운다는 말을 들었는데 곧바로 아무 일도 없었다는 듯 과거의 삶과 활동들로 돌아갈 것이라고 비아냥거렸다. 리외는 유배생활이 끝났다고 환호하는 군중을 바라보며 그 말에 동의하지 않을 수 없었다. 인간은 언제나 똑같다. 그러나 그것이 인간의 힘이자, 순진함이다. 따라서 리외는 페스트 희생자들에게 유리한 증언을 하기 위해, 최소한 그들에게 자행된 불의와 폭력에 대한 추억만이라도 남겨놓기 위해, 그리고 페스트를 통해 '인간에게는 경멸보다는 찬양받을 면이 더 많다는 사실을' 배웠다는 것을 알리기 위해 글을 쓰기로 결심했다. 그러나 '이 연대기'는 결코 최종 승리의 기록이 될 수 없다는 점을 알고 있다. 페스트 병원균은 결코 소멸하지 않을 것이며, 언제든 인간들에게 불행과 교훈을 안겨주기 위해 쥐들을 앞세우고 다시 찾아올지 모를 테니까.

다른 사람들의 목숨을 구하기 위해 노력하다가 막바지에 페스트에 걸린 타루는 자기의 목숨을 놓고 죽음과 싸웠다. 그러나 파늘루 신부와 달리 페스트라는 사형선고에 수동적으로 굴복하지 않고 온힘을 다해 싸웠으며, 선 페스트와 폐렴성 페스트의 증상들을 함께 보였기 때문에 분명히 '병명 미상 사례'가 아니다. 타루와 파늘루의 죽음이 또 하나 다른 점은 '간접적이든 직접적이든, 좋은 이유든 나쁜 이유든, 사람을 죽게 만들거나 죽이는 짓을 정당화시키는 일은 모두 거부하기로 결심'했던 타루는 죽음과 결연히 맞서다가 패배한 반면, 파늘루는 싸워보지도 않고 신앙에 매달리듯 '십자고상'을 잡은 채 죽음 앞에 굴복했다는 점이다. 이것은 타루는 죽음이라는 인간 조건을 깊이 이해했고, 파늘루는 그렇지 못했다는 암시다.

리외 박사와 타루는 코타르의 무관심이 무지와 고립에서 기인했다는 사실을 이해했기 때문에 그의 태도를 비난하지 않았고, 코타르의 죄를 이야기하면서도 그의 과거 범죄를 언급하지 않는 점은 흥미롭다. 오히려 그들은 끊임없는 체포의 두려움 속에서 살아가는 코타르를 동정했는데, 그 이유는 인간관계를 '죄'의 관점에서 이해하지 않았기 때문인 것 같다.

리외 박사는 여기서 '이 연대기'의 서술자라는 사실과 집필 동기를 밝히고 있다. 의사로서 '끔찍하고 집요한 범죄,' 즉 페스트에 맞서 싸우며 모든 시민들과 함께 공유했던 사랑, 유배, 고통에 대해 입을 다물지 않고 글로 남김으로써 '인간에게는 경멸보다는 찬양받을 면이 더 많다는 사실을' '증언'하려 했던 것이다.

Review

다음 질문에 대해 간단히 서술하시오.

1. 리외 박사는 '이 연대기'를 가능한 한 객관적으로 기록했다고 주장
    한다. 그러나 그 주장을 액면 그대로 받아들이기 어렵게 만드는 것
    이 있다. 무엇인가?

    ─ 리외는 객관적이라고 주장하지만, 페스트가 시작되기 이
    전의 오랑에 관한 묘사는 반어로 점철되어 있다. 그때는 오
    랑의 기풍이 공허한 상업주의에 물들었다고 진술하고, 오
    랑 시민들의 삶을 전적으로 규제하는 것은 습관이라며 날마
    다 직장, 영화관, 술집, 천박한 사랑 놀음으로 이어지는 일상
    에 빠져 살아간다고 단언했으며, 타루는 습관의 노예가 아니
    라는 소견을 밝히면서 대다수 오랑 시민들은 습관의 노예로
    살고 있다는 점을 암시했던 것.

2. 장 타루의 수첩들에는 '시간을 낭비하지 않는' 방법에 대한 철학적
    고찰이 기록되어 있다. 그가 제시하는 방법들을 반어적으로 만드는
    것은 무엇인가?

    ─ 타루는 복잡하고, 늘 실망스럽고, 번잡하고, 곤혹스럽고,
    뒤얽힌 일상들에 빠져 있어야만 시간을 의식할 수 있고, 시
    간을 의식해야만 시간을 낭비하지 않을 수 있다고 생각한
    다. 그러나 그 관념들은 너무 추상적인 나머지 삶을 낭비하

지 않는 방법이라는 심원한 문제를 제대로 감싸 안지 못한다. 게다가 그 방법들은 습관적인 일상들과 구별되지 않을 만큼 흡사하기 때문에 실제로 시간을 생산적으로 활용하기 위한 지침으로 삼을 수 없다. 타루는 생산적인 시간 활용을 오랑 사람들이 시간을 때우기 위해 이용하는 유쾌한 활동들이 아니라 허망하고 지루한 활동들의 관점에서 규정하고 있다. 그러나 단순히 끝없는 좌절을 통해 시간을 의식한다고 해서 반드시 시간을 낭비하지 않는다고 말할 수는 없다.

3. 레이몽 랑베르는 리외 박사가 가슴의 언어가 아니라 추상적인 언어를 사용한다고 비난한 적이 있다. 랑베르의 비난이 지닌 참된 의미는?

— 랑베르가 리외를 비난하는 진짜 이유는 봉쇄된 오랑을 벗어나기 위해 리외에게 페스트에 걸리지 않았다는 증명서를 발급해 달라고 부탁했다가 거절당했기 때문이다. 따라서 랑베르는 사실상 자신의 고난에 대해 리외가 아무런 관심도 보여주지 않는다고 비난하는 것이나 마찬가지다. 그러나 리외는 개개인이 겪고 있는 고난에 냉정하다는 점은 인정하면서도 다른 사람들의 고난에 아무런 조치를 취하지 않는다거나 부정하는 상태를 가리키는 '무관심하다'는 말은 받아들이지 않는다. 리외가 최선을 다해 페스트에 맞서 싸울 수 있을 만큼 그 고통을 견뎌내려면 마음을 모질게 먹어야 할 뿐이기 때문이다.

4. 파늘루 신부의 첫 설교에서 반어적인 점은 무엇인가?

5. 장 타루가 수기에서 언급하는 글루크의 〈오르페우스와 에우리디케〉 공연에서 이례적이고 비일상적인 점은 무엇인가? 그 비일상적 사건

은 이 소설의 중심 주제들에 대해 어떤 영향을 주는가?

6. 장 타루는 페스트를 인간적인 무관심을 나타내는 비유로 이해하고 있다. 페스트에 관한 리외 박사의 입장이 타루와 일치하는 점은 무엇인가?

다음 질문에 알맞은 답을 고르시오.

1. 〈페스트〉의 서술자는?
   A. 장 타루
   B. 조제프 그랑
   C. 베르나르 리외 박사
   D. 코타르

2. 리외 박사는 쥐들이 죽어가는 현상을 어떻게 묘사하는가?
   A. 질병, 특히 선 페스트의 은유들을 이용한다.
   B. 마치 지진처럼 묘사한다.
   C. 〈페스트〉의 서술자가 아니기 때문에 묘사하지 않는다.
   D. 폭풍우의 은유들로 묘사한다.

3. 리외 박사가 인류의 유일한 악덕이라고 생각하는 것은?
   A. 무지
   B. 잔인성
   C. 위선
   D. 증오

4. 코타르는 페스트의 발병을 어떻게 받아들이는가?
   A. 쌍수를 들어 환영한다.
   B. 즉시 오랑을 벗어나려고 한다.
   C. 즉각 페스트 퇴치 투쟁에 동참한다.
   D. 희망을 잃고 침울해진다.

5. **오랑이 완전 봉쇄되었을 때, 시민들의 최초 반응은?**

   A. 이기적으로 자신의 개인적 고난에만 집착한다.

   B. 불안을 잊기 위해 유흥에 빠진다.

   C. 이제 오랑으로 들어올 수 없게 된 사랑하는 사람들을 간절히 그리워한다.

   D. 셋 모두

6. **〈페스트〉의 서술자가 '영웅'으로 내세우는 인물은?**

   A. 조제프 그랑

   B. 코타르

   C. 장 타루

   D. 오통

7. **파늘루 신부는 첫 설교에서 페스트를 어떻게 해석하는가?**

   A. 하느님의 실존에 대한 부정

   B. 세계 종말의 징후

   C. 오랑 시민들의 죄를 벌하기 위해 하느님이 보낸 징벌

   D. 오랑이 인간에게 좀더 자비를 베풀어야 한다는 표시

8. **리외 박사가 맡은 천식환자가 시간을 재는 방식은?**

   A. 시계를 보고

   B. 한 냄비에 담긴 콩알들을 정해진 속도로 다른 냄비로 옮겼다가 다시 처음 냄비로 옮기는 일을 반복함으로써

   C. 시간을 재는 것이 자유를 속박한다고 생각하기 때문에 시간을 재지 않는다.

   D. 답 없음

9. **코타르의 자살미수 사건에 대한 형사의 반응은?**

   A. 코타르에게 깊은 공감을 느낀다.

B. 리외에게 코타르를 정신병원에 보내라고 말한다.

C. 다른 사람들을 성가시게 한다고 코타르를 꾸짖는다.

D. 코타르를 체포한다.

10. **과거에 코타르가 지은 범죄는?**

A. 살인

B. 그는 죄명을 밝히지 않는다.

C. 절도

D. 밀수

11. **레이몽 랑베르의 직업은?**

A. 신문기자

B. 의사

C. 배우

D. 변호사

12. **조제프 그랑의 아내가 남편 곁을 떠난 이유는?**

A. 그랑의 학대를 견딜 수가 없었기 때문

B. 그랑이 바람을 피웠기 때문

C. 두 사람의 단조롭고 힘겨운 결혼생활에 넌더리가 났기 때문

D. 답 없음

13. **파늘루 신부는 두 번째 설교에서 페스트를 어떻게 해석하는가?**

A. 하느님이 인간의 신앙을 시험하는 방법

B. 오랑의 죄에 대한 하느님의 징벌

C. 하느님이 부모들의 죄를 징벌하기 위해 어린아이들을 죽이려는
것

D. 셋 모두

14. 페스트에 감염되어 제일 먼저 죽는 사람은?

    A. 리외 박사의 아내

    B. 건물 수위 미셸 씨

    C. 예심판사 오통의 어린 아들

    D. 장 타루

15. 〈페스트〉의 서술자가 오랑 사회를 비판하는 부분은?

    A. 허망한 상업주의

    B. 습관에 예속된 삶

    C. 다른 사람들의 고난에 대한 무관심

    D. 셋 모두

16. 조제프 그랑이 가장 즐기는 취미는?

    A. 영화 감상

    B. 집필

    C. 통계학

    D. 돈벌이

17. 장 타루가 페스트를 퇴치하기 위해 기여하는 일은?

    A. 방역의용대의 자원봉사자들을 모집하기 위해 효과적인 계획을 마련한다.

    B. 파리의 아내에게 가려고 오랑을 탈출하기 때문에 전혀 도움을 주지 않는다.

    C. 방역의용대가 효과적으로 업무를 수행하도록 페스트의 통계를 맡는다.

    D. 도움을 주기보다는 전염병의 발생을 오히려 반긴다.

18. 장 타루는 페스트가 무엇을 상징한다고 생각하는가?

    A. 죄인들을 벌주기 위한 하느님의 권능

B. 인류가 얼마나 잔인해질 수 있는지 보여주는 표시

C. 인간적인 무관심

D. 증오

19. 아내의 사망 비보를 접한 리외 박사의 반응은?

A. 아내의 죽음을 냉정하게 받아들인다.

B. 자살을 시도한다.

C. 아무런 관심도 보이지 않는다.

D. 오랑을 탈출해 아내를 찾아가지 못한 것을 후회한다.

20. 파늘루 신부가 병에 걸렸으면서도 의사의 진료를 받으려고 하지 않는 이유는?

A. 지은 죄가 있으니 벌을 받는 게 당연하다고 믿기 때문

B. 죽고 싶기 때문

C. 숙명을 하느님의 섭리에 온전히 맡기고 싶기 때문

D. 당연히 죽을 테니 치료를 받아도 소용없다고 생각하기 때문

21. 리외 박사의 철학을 가장 잘 규정하는 용어는?

A. 초월주의

B. 실존주의와 인본주의의 혼합

C. 허무주의

D. 답 없음

22. 페스트에 맞서 싸워야 할 책임을 가진 쪽은?

A. 시 정부

B. 모든 사람

C. 프랑스 식민지정부

D. 의사들

23. 장 타루는 페스트에 걸린 사실을 알고 어떤 반응을 보이는가?

    A. 온힘을 다해 죽음과 싸운다.

    B. 다소곳이 죽음을 받아들인다.

    C. 의사의 진료를 받지 않으려고 한다.

    D. 리외 박사에게 자기가 살아날 확률을 묻는다.

24. 페스트와의 싸움이 효과가 없다는 것이 분명해졌을 때, 리외 박사의 반응은?

    A. 싸움을 포기하고 오랑을 빠져나가 도망친다.

    B. 자살한다.

    C. 이전과 다름없이 전력을 다해 싸운다.

    D. 답 없음

25. 장 타루가 교도소에 수감된 죄수들을 방역의용대에 강제 편성하는 조치를 반대하는 이유는?

    A. 열심히 노력할 것이라고 생각하지 않기 때문

    B. 사람들을 강제로 위험한 일에 끌어들여서는 안 된다고 생각하기 때문

    C. 죄수들에게 도망칠 기회를 주는 것이 두렵기 때문

    D. 오랑 정부의 자원봉사자 모집이 효과적이었기 때문

정답

1. C   2. A   3. A   4. A   5. D   6. A   7. C   8. B   9. C   10. B

11. A   12. C   13. A   14. B   15. D   16. B   17. A   18. C   19. A   20. C

21. B   22. B   23. A   24. C   25. B